말씀 묵상과 연구를 위한

신약성경 핵심가이드

머리말

이 시대의 탁월한 복음주의 신학자로 알려져 있는 "하나님을 아는 지식"의 저자 제임스 패커(James I. Packer)는 "내가 만일 마귀라면, 사람들이 성경을 탐구하지 못하게 만드는 것을 첫째 목표 가운데 하나로 삼을 것이다. 나는 성경이 하나님의 말씀이라는 것, 그리고 성경이 하나님을 알고 사랑하고 섬기도록 사람들을 가르친다는 사실을 알기에 가능한 모든 수단을 동원해 성경을 영적 함정들과 가시 울타리들과 덫으로 둘러치고, 사람들을 협박해서 쫓아버릴 것이다"라고 말을 한바가 있다.

유명한 성경 연구가로 알려진 아더 핑크(Arthur W. Pink)는 성경연구의 중요성을 말하면서 성경 연구를 통해 얻을 수 있는 70가지 유익들이 있음을 한 권의 책을 통해서 설명했을 정도로 성경연구와 묵상은 그리스도인들의 영적 성장과 사역의 풍성한 결실을 위하여 생략해서는 안 되는 가장 중요한 필수적인 것임을 강조하고 있다. 또한 미국 낙스 신학대학원(Knox

Theological Seminary)의 조직신학 및 변증학 교수인 R. C. 스프라울(R. C. Sproul)은 "진지하면서도 부지런하게 성경을 공부하지 않는 그리스도인은 그리스도의 제자가 되기에 부적합하다. 적합한 그리스도인이 되려면, 그리고 하나님의 일에 유능한 그리스도인이 되려면 예배에 참석하는 것과 소위 '부흥집회'에 참석하는 것만으로는 부족하다. 성경을 모르는 그리스도인은 적합하지 않을뿐더러 선한 일을 행할 준비도 되어있지 않다"라고 지적한 그대로 이러한 성경연구와 말씀 묵상을 돕기 위한 것이 바로 "신약성경핵심가이드"라는 본서의 존재 목적이다.

그러나 오늘날 출판되어진 신약개론 관련 서적들은 너무 이론적이고 전문적이고 신학적이어서 일반 평신도들이 이해하기가 매우 어렵게 느껴지는 것들이 대부분일 뿐만 아니라 이런 내용의 책들을 읽고 자신의 것으로 소화시키기 위해서는 너무 많은 시간이 요구되어지는 문제점들을 안고 있다. 따라서 이런 측면을 고려하여 본서는 27권으로 구성되어 있는 신약 각 권의 내용을 이해하는데 도움이 될 수 있는 핵심적인 내용들을 최대한 간결하게 정리하여 신약성경을 묵상하고 연구하며 공부하고자 하는 그리스도인들과 이를 가르치고자 하는 성경교사들에게 도움을 주기 위하여 준비되어진 것이다.

일반적으로 알려져 있는 성경을 공부하는 방법은 성경 전체의 흐름과 윤곽을 살펴보는 망원경적인 방법과 전체를 구성하고 있는 한 부분을 깊이 있게 파고 들어가는 현미경적인 방법으로 알려지고 있다. 따라서 본서는 신약의 각 권의 저자, 저작 장소 및 시기, 특징, 및 핵심 내용들을 요약해 놓은 것으로 신약 전체의 흐름을 이해하는데 도움을 주므로 신약의 각 권의 성경을 깊이 있게 연구하고 묵상하는 자리로 나아가도록 이끌어주는 견인차 역할을 했으면 하는 소원을 가지고 저자가 사역하는 고신대학교에서 신약개론 수업시간에 학생들에게 제공되어진 강의안을 정리하여 출판을 하게 된 것이다.

금번에 다시 효과적인 말씀 묵상과 신약의 각 성경 이해에 도움이 될 수 있는 내용들을 추가하여 개정 증보판으로 출판하므로 성경학도들에게 보다 충실한 책으로 주어질 수 있게 되어졌다.

아무쪼록 본서가 신약성경의 각 권의 말씀들을 연구하고 묵상하는데 도움이 되어지고 또한 신약성경을 가르치고자 하는 성경교사들이 효과적으로 사용할 수 있는 자료로서 활용되어지므로 하나님의 말씀의 놀라운 축복을 누릴 수 있는 자리에 나아갈 수 있게 되어질 수 있기를 바라는 바이다.

2014년 2월

고신대학교 연구실에서

임영효

Contents

Chapter 1

영적 성장과 사역을 위하여 성경을 어떻게 묵상할 것인가?

제 1 장

영적 성장과 사역을 위하여 성경을 어떻게 묵상할 것인가?

1. 집중적인 말씀 묵상의 필요성과 방법

오늘날 미국에서 인기있는 베스트셀러 기독 작가이자 수많은 강연을 통해 크리스천의 영적 각성을 촉구하는 탁월한 강사로 활동하고 있는 분이 존 비비어(John Bevere) 목사님인데, 이 분이 쓴 14권의 책들은 62개 국어로 번역되어 수천만 권이 팔렸고, 우리 한국에서도 이 분의 책이 "순종" "관계" "존중" 등의 제목으로 계속 번역되고 있고 또한 잘 알려진 분이다.

그가 지난 2012년 1월 5일에 서울 코엑스에서 개막된 "어웨이크 2012 성회" 주강사로 왔을 때 국민일보 기자와 인터뷰를 했는데, 그 때 기자가 물었다. "존 비비어 목사님, 당신은 헨리 나우웬, 존 스토트, 유진 피터슨처럼 가장 인기있는 베스트셀러 작가로 모두가 당신을 보고 성공했다고 말을 하고 있습니다. 그러면 성공이란 무엇입니까?" 라고 질문했더니 그가 말하기를 "성공은 하나님이 창조하신 그대로 사용되어지는 것입니다. 성공은 하나님이 당신을 위해 계획하신 그 계획을 이뤄 드리는 것입니다. 어떤 일을 하던 하나님을 기쁘게 해드리는 것이지요"라고 대답 했다고 한다.

그러자 기자가 "그러면 인생에서 가장 중요한 것이 무엇입니까?"라고 다시 물으니 존 비비어는 말하기를 "예수님과 항상 신선한 관계를 유지하며 가까워지는 것"이라고 답변하면서 "그 분과 가까워지기 위해서는 말씀 가운데 계속 서 있어야 하고 그렇게 하기 위해서는 성경을 넘치는 기대 가운데 읽어야 합니다. 왜냐하면 예수님은 말씀을 통해 자신을 보여주시기 때문에 예수님과 가까워지기 위해서는 말씀과 친해져야 합니다. 말씀을 향한 갈망, 강력한 사모함이 필요합니다"라고 대답을 했다는 것이다.

미국의 영성신학자인 달라스 윌라드(Dallas Willard)는 "은혜 안에서 자라가기 원하는 사람이라면 늘 성경을 가까이 하며 벗삼아 지내는 것이 단연 가장 현명한 길이다. … 겸손히 열린 마음으로 바른 지식을 좇아 성경을 읽고 공부할 때 우리는 점점 하나님의 마음을 공유하게 된다"라고 말씀 묵상의 필요성에 대하여 언급한바 있다.[1)]

---

1) 달라스 윌라드(Dallas Willard), *하나님의 음성*, 윤종석 역, IVP, 2001, p. 237.

19세기에 복음으로 미국사회를 변화시켰던 유명한 부흥사요 19세기 최고의 칼빈주의 복음전도자요 청교도신앙의 설교자였던 디엘 무디의 이름을 우리는 익히 알고 있다. 그는 4살 때 그의 아버지를 여의고, 홀어머니 밑에서 어렵게 자라나서 초등학교 5학년 정도밖에 교육을 받지 못했을 정도로 불행스러운 유년시절을 보냈던 사람이었다.

이런 형편 가운데서 17세 때 돈벌이를 위해서 보스톤에 있는 삼촌의 구두방 점원으로 일할 수밖에 없었던, 어려웠던 청소년의 시절을 보냈지마는 에드워드 킴불이라는 주일학교 선생님을 통해서 예수님을 만나 하나님의 말씀을 깊이 묵상하고 연구하는 가운데 그의 남은 생애를 통해서 수백만의 영혼을 주님께로 인도할 수 있었을 뿐만 아니라, 그가 죽은 이후에도 그가 세운 미국 시카고의 무디 바이블 인스티튜트(Moody Bible Institute)라는 기관을 통해서 전 세계의 수억의 사람들에게 지속적으로 복음을 전하고 영적인 영향력을 끼치므로 지금도 그 무디의 사역이 계속되어지고 있는, 이런 놀라운 역사를 이루어내었던 귀한 하나님의 사람으로 쓰임을 받았던 것이다.

어떻게 해서 무디가 하나님께로부터 귀하게 쓰임을 받을 수 있었는가에 대하여 무디의 삶을 가까이에서 지켜보았던 R. A. 토레이 박사는 "무디는 이 세상의 모든 책들을 합쳐놓은 것보다 더욱 가치있는 유일한 책인 성경을 깊이있게 실질적으로 연구하는 사람이었다"라고 그 가장 중요한 이유를 언급한바가 있다. 그러면 무디는 어떻게 성경을 연구하였는가? 그가 쓴 "성경연구의 기쁨과 유익"이라는 책에서 디엘 무디는 다음과 같이 말하고 있다:

"성경을 여러 달 만에 일독했다고 자랑하는 사람들을 심심치 않게 만납니다. 더러는 몇장씩 꾸준히 읽어서 일년 만에 일독을 했다고 말합니다. 그러나 나는 성경의 낱권을 가지고 일년을 공부하는 것이 훨씬 더 훌륭한 태도라고 생각합니다. … 성경학도가 되지 않은 사람치고 열매맺는 그리스도인을 본적이 없습니다. 성경을 등한시하면서 자신을 써 달라고 하나님께 매달리는 사람들도 있지만, 하나님은 그런 사람을 쓰고 싶어도 쓰실 수가 없습니다. 많은 사람들이 이런 오해를 합니다. 집회에 열심히 찾아다니면서 집회가 각성과 힘을 줄 것이라고 생각합니다. 하지만 하나님의 말씀에 더 가까이 다가서게 해 주지 못하는 집회라면 거기서 받는 이른바 은혜는 석 달을 가지 못합니다. 성경을 사랑해야 믿음이 확고해 집니다. 어떻게 하면 성경을 사랑하게 될 수 있는지 묻고 싶으십니까? 마음을 다 잡고 성경을 공부할 결심을 하고 하나님께 도움을 구하면, 하나님께서는 반드시 여러분을 도우실 것입니다."[2)] 이렇게 무

2) D. L. Moody, *Experiencing pleasure and profit in Bible study* (*성경공부의 기쁨과 유익*), 이길상 역, 크리스챤 다이제스트, 2002, pp. 96, 13-14.

디는 자신의 경험에 비추어서 참으로 귀중한 조언을 하고 있는데 오늘 우리의 형편은 어떠한가? 오늘날 우리 한국교회에 성경통독의 바람이 불고 있는데 성경 통독은 성경을 대하는 초기단계에서는 필요한 것이다. 그러나 성경은 통독만 해가지고서는 하나님의 말씀의 높이와 깊이와 길이와 넓이를 제대로 깨닫지 못하고 확신을 가지고 자신의 삶에 말씀을 적용해 나가는 데는 너무도 피상적이 될 수밖에 없다는 사실을 결코 잊지 말아야 한다.

우리의 신앙의 대선배인 디 엘 무디가 무슨 말을 하고 있는가? 성경을 몇 독했다고 해서 성경을 다 안 것처럼 오해하지 말라는 것이다. 더 나아가 보다 효과적인 말씀 묵상은 신구약 66권 가운데 한 권의 성경책을 가지고 일년 동안 계속 묵상하는 것이 더 효과적이라고 하는 너무도 귀한 조언을 귀담아 들어야만 한다. 신약학자인 토머스 슈라이너(Thomas R. Schreiner)는 "신약성경을 각 책별로 연구한다면, 신약신학 연구에 새로운 관점이 소개될 수 있다. 그리고 주제별로 신약신학을 연구하면 책마다 갖는 독특한 구조에 가려진 특징들을 놓칠 수 있다"라고 역설하므로 책별 연구의 중요성을 언급한 바 있다.[3)]

사실 신구약성경은 한 성령님의 영감으로 기록된 특별계시

---

3) Thomas R. Schreiner, *New Testament Theology (신약신학)*, 홍성철 역, 부흥과 개혁사, 2011, p. 7.

의 말씀이기 때문에 66권 중 한 권의 책을 가지고 깊이있게 묵상하고 씨름해 나갈 때에 신구약 성경전체를 이해하게 되는 놀라운 효과가 있다는 사실을 기억하면서, 디엘 무디처럼 이런 효과적인 말씀묵상을 할 수 있어야 할 것이다.

이 디엘 무디의 사역의 영향을 받아 말씀을 깊이 있게 묵상했던 또 다른 한 사람을 든다면 핑크(A. W. Pink:1886-1952)를 들 수 있다. 그는 1886년에 영국 노팅햄에서 출생하여 미국으로 건너가서 무디 성경학원(Moody Bible Institute)에서 공부한 후 순회 성경연구교사로서 미국전역과 호주에서 많은 사역을 감당하였던 사람으로 산상보훈 강해, 출애굽기 강해, 히브리서 강해, 요한복음 강해 등의 책을 출판하였다.

그는 자신이 쓴 요한복음 강해의 결론 부분에서 10년 동안 요한복음에 대하여 특별한 연구에 몰두하면서 40권 이상의 주석들과 강해서들을 철저히 읽으면서 각 절에 대한 해석을 신중히 고찰했음을 밝히면서 다음과 같이 조언하고 있다.

> 성경은 경건하게 읽어야 할 책일 뿐만 아니라 또한 캐내어야 할 영적인 부의 광산이다(잠2:1-5). 그 숨겨진 보물을 보다 부지런히 구하면 구할수록 우리는 더욱 더 많은 것을 얻게 된다. 하나님께서는 게으름에 대해서는 어떠한 보상도 주시지 않는다. 그가 원하시는 것은 '네

가 진리의 말씀을 옳게 분별하며 부끄러울 것이 없는 일군으로 인정된 자로 자신을 하나님 앞에 드리기를 힘쓰라' (딤후 2:15)는 것이다. 그러나 슬프게도 그의 백성의 대다수는 어떻게 공부할 것인지 그 방법을 배우지 못하였다. ... 참으로 많은 성경 독자들이 대부분 실패하곤 하는 것은 집중도에 있어서이다. 그들의 에너지가 뿔뿔히 분산되어지는 것이다. 일천 에이커의 경작지를 물려받은 어떤 사람이 있다고 가정해 보자. 그런데 그는 일할 사람을 고용하는 일이 불가능함을 알게 되었다. 그가 만일 전 경작지를 농사지으려 시도한다면 그것은 아마도 무익한 일일 것이다. 그러나 만일 그가 다섯 에이커쯤을 구분하여 이 작은 땅을 돌보기 위해 헌신적으로 일한다면, 그것만을 집중적으로 철저하게 농사짓는다면, 그는 훨씬 더 성공할 수 있을 것이다. 성경도 이와 같다. 모든 그리스도인들이 성경을 매일 세장, 혹은 네 장씩을 읽으면 일년에 한 번 완독할 수가 있다. 그렇지만 생활의 짧은 시간 동안에 그 전부를 실제로 공부한다는 것은 불가능하다. 포괄적으로 읽는 것과 아울러서, 집중적인 공부가 있어야 한다. 당신이 어떤 부분을 선택해야 할 것인지 인도해 주시도록 기도하라. 그런 다음 성경 가운데서 한 권, 혹은 한 장을 집중적으로 읽으라. ... 집중의 필요성과 중요성, 그리고 그 값을 헤아릴 수 없이 귀중한 결실로 깨달은 사람은 오직 극

소수에 불과하다. 만일에 66명의 성령께서 지도하시는 성경 강해자들이 각자 성경의 한권에 십년동안 그들의 특별한 연구에 전념하면서 집중한다면, 결국에는 하나님의 백성들의 큰 무리가 측량할 수 없을 정도로 풍요하게 되어질 것이다. 사랑하는 친구여, 지나친 야심을 품지 말라. 양보다는 질에 목적을 두어라. 철저하게 연구되어진 말씀 한 장은 연구되어지지 않고 단순히 읽혀지기만 한 일백 장보다 더욱 당신의 영혼에 많은 것을 줄 것이다.

또한 성경을 공부하는 어떤 사람들은 인내심의 결여로 말미암아 실패하곤 한다. 그들이 어떤 구절을 첫 번째, 혹은 두 번째 읽었을 때 그 말씀을 파악할 수 없다 하여 그들은 낙심해 버린다. 하나님께서는 종종 우리가 얼마나 열심인지 시험하시곤 한다. 우리를 풍요하게 만드는 것은 지체하는 행동이 아니라 부지런한 영혼이다(잠 13:4).

하지만 집중과 인내 이상의 어떤 것이 또한 필요하다. ... 성령께서 우리의 이해력을 밝혀 주시지 않으면 말씀이 지니고 있는 경이로움과 아름다움은 우리에게 여전히 감추어진 채 남아 있게 될 것이다. ... 기도는 필수적인 것이다. 성경을 펴기 전에 매번 우리는 먼저 무릎을 꿇고 겸손히 그리스도의 이름으로 하나님께 '내 눈을 열어서 주의 법의 기이한 것을 보게' (시 119:18)해 주시

> 기를 구해야 한다. ... 당신 자신의 능력에 대해 어떠한 자신감도 가지지 말라. '만일 하늘에서 주신 바 아니면 사람이 아무것도 받을 수 없느니라(요 3:27)고 하신 것을 기억하라. ... 성경의 모든 것은 가장 세밀한 묘사에 이르기까지 심오한 의미를 담고 있다. 이는 당연한 사실이다. 그 저자가 바로 하나님이시기 때문이다."[4)]

미국 시카고의 윌로 크릭 커뮤니티 교회의 담임 목사인 빌 하이벨스(Bill Hybels) 역시 자신의 경험에 비추어 효과적인 말씀 묵상에 대하여 다음과 같이 말하고 있다:

> 예전에도 나는 '집중 묵상' 을 한 적이 있고, 이전에 그 말씀들을 수 백번 이상 읽었을지라도 내가 하나님의 말씀에 충분히 파묻힐 때 새로운 통찰력과 앞으로의 성장에 불을 붙이는 활력을 얻는다. 몇 년전 나는 잠언에 빠졌었다. 나는 그 말씀의 지혜가 내 일상의 생각에 영향을 끼칠 때까지 나오지 않았다. 몇 년 후에 나는 누가복음 15장, 사도행전 2장, 그리고 요한복음 전체를 같은 방법으로 묵상했다. 아주 최근에 나는 로마서 12장에 열두 달 동안 집중했다.

---

4) A. W. Pink, *Exposition of the Gospel of John (요한복음강해)*, 제 4집, 도서출판 엠마오, 1988, pp. 356-362.

그리고 이것이 내가 지금껏 경험한 그 어떤 것보다 더 큰 변화를 가져온 말씀 묵상임이 입증되었다. 내 계획은 아주 단순하다. 그냥 최소한 하루에 한 구절씩 읽은 다음 내 관찰과 묵상들을 적는다. 다음 날 다음 구절을 읽고 하나님의 다양한 진리들을 되새긴다. 어떤 날에는 장 전체를 읽기도 한다. 다른 날에는 그 장을 얼마나 외울 수 있는지 시도해 본다. ... 제가 전에 수백번 넘게 읽은 이 간단한 구절에서 무엇을 배울 수 있을까요?라는 질문과 함께 하나님의 말씀을 천천히, 그리고 조직적으로 읽어나갈 때 엄청난 혜택을 누릴 수 있다.

하나님은 우리가 그 분의 장엄한 진리의 경이로움에 흠뻑 젖어 있기를 원하신다. 하나님의 음성을 듣기 위해 우리 자신을 준비하고, 그 분 앞에 잠잠히 있을 때 기뻐하신다. 만일 당신에게 30일 성경통독 계획을 그만 둘 허락이 필요하다면 이것이 바로 그 이유이다. 속도를 줄이고, 말씀에 잠겨라. 그리고 하나님의 음성을 들어라.

하나님은 친절하심으로 성경 말씀을 통해 무수히 많은 속삭임들을 우리 평생에 제공하신다. 우리는 어떤 상황에 대해서는 속삭임을 직접 귀로 듣지 못하기도 하지만 하나님은 말씀을 통해 우리가 알고 싶은 것들, 즉 하나님과 그 분의 성품, 그 분이 우리에게 주신 소명의 삶을 온전히 알도록 보여 주셨다. 이 말씀을 통해 얻을 수 있

> 는 엄청난 힘을 우리는 기억하지 못한 채, 인생을 그럭저럭 헤쳐 나간다.
> 만약 우리가 기독교의 핵심을 간단하게 말한다면 아마도 하나님과의 관계일 것이다. 살아계신 사랑의 하나님이 인류의 모든 역사에 걸쳐서 말씀하셨고, 오늘도 말씀하신다. 하나님은 당신에게 말씀하실 것이다. 당신 자신이 어떤 영적 상태에 있든지를 막론하고, 당신의 귀를 하늘을 향해 열고 듣는 훈련이 되어 있다면 하나님은 말씀하실 것이다.[5)]

미국의 영성신학자인 달라스 윌라드(Dallas Willard)는 한꺼번에 성경을 많이 읽으려 하지 말라고 충고하면서 말하기를 "매년 성경을 한 번씩 통독하면 좋다는 말을 들어 봤을 것이다. 날마다 신구약을 몇 장씩 읽으면 확실히 끝낼 수 있다는 계산도 나와 있다. 그대로 한다면 우리는 매년 성경을 통독하는 사람이라는 평판을 즐기며 자축할 수 있을 것이다. 그러나 과연 그리스도를 더 닮게 되며 하나님의 생명으로 충만하게 될까? 약을 먹거나 계획을 따라 운동하듯이 성경을 읽는 사람 상당수가 영적 진보를 보이지 않는다는 것은 입증된 사실이다. 1

---

5) Bill Hybels, *The Power of a Whisper (주의 음성)*, 캐런 채 역, 국제제자훈련원, 2011, pp. 163-165, 306.

6) Dallas Willard, op. cit., p. 240.

년 동안 성경의 모든 단어를 눈앞에 스쳐 가게 하는 것보다는 딱 열 구절만 내 삶의 본질로 바꾸는 편이 훨씬 낫다"고 권면하고 있다.[6] 그는 또한 말하기를 "가능한 한 모든 수단을 활용하여 최대한 지식을 쫓아 성경을 공부하되 단순히 진리를 찾기 위해서나 특히 뭔가를 입증하기 위해 공부해서는 안 된다. 진리를 찾으려는 열망을, 그대로 행하고 실천하려는 열망에 굴복시켜야 한다"고 적절히 조언해 주고 있다.[7]

미국 켈리포니아의 레이크 애비뉴 회중교회(Lake Avenue Congregational Church)의 목사인 찰스 밀러는 "성경이 단지 말씀만을 전하는 책이 아니라, 방법을 담고 있는 책이다"라고 말한바 있다.[8] 즉 성경은 '무엇' 뿐만이 아니라 '어떻게' 도 전달하는 책으로 우리의 삶에 필요한 모든 원리뿐만 아니라 우리의 사역에 필요한 구체적인 방법까지도 가르쳐주고 있는 책으로 부족함이 없다는 것을 강조하고 있다.

"하나님의 음성듣기"라는 제목의 저서를 출판한 피터 로드(Peter Lord)는 "하나님과 교제하는 가장 좋고 가장 편안한 곳은 성경이다"라고 말을 하면서 자신의 경험을 다음과 같이 소개하고 있다:

---

7) Ibid., p. 238.

8) Greg Ogden, *Transforming Discipleship* (*세상을 잃은, 세상을 얻는 제자도*), 박규태 역, 국제제자훈련원, 2007, pp. 94-95.

수년 동안 나는 매달 시편을 통독하는 습관을 들여왔는데 당연하게 시편 60편에 와서는 8절을 건너뛰곤 했다. "모압은 내 목욕통이라" 동일한 말씀이 시편 108:9에도 나왔으므로, 나는 최소한 일년에 24번은 이 구절을 건너뛰었다. 나는 이 구절에 대한 설교도 들어본 적이 없다. 성경 말씀을 기록한 판에서도 이 구절을 본 적이 없다. 성구 암송에서도 본 적이 없다. 그러나 시편에 2번씩이나 나올 정도로 하나님께는 중요한 말씀이었다. 이 구절에 주목한 적이 있는가? 이 구절이 무슨 의미인지 혹시 아는가?

어느 날 하나님과 교제하고 있을 때 이 구절을 읽게 되었고 보통 때처럼 건너뛰려고 했다. 그 때 하나님께서 말씀하셨다. "잠깐 피터! 성경사전을 가지고 와서 '모압'을 찾아보아라." 나는 모압 사람들이 이스라엘 바로 이웃에 살던 악한 친척이었다는 것을 발견했다. 그 때 주님께서 나에게 말씀하셨다. "이 성경 말씀의 의미는 이것이다. 나의 백성 이스라엘이 더러워졌을 때 나는 그들의 악한 친척을 그들을 깨끗하게 하는 '목욕통'으로 사용했다는 것이다."

이 구절의 의미를 발견한 것은 흥미로운 일이었다. 그러나 이것은 내 생활과는 전혀 관계가 없는 것처럼 여겨졌다. "주님, 이스라엘과 모압에 대해 기록한 2700년 전 말씀이 저와 어떤 관계가 있습니까?"

> "여기에 너를 위한 해석이 있다. 피터, 너는 네 아들 존을 변화시켜 달라고 나에게 기도해 왔다. 날마다 너는 내가 네 아들 안에 역사해 주기를 바라는 항목들을 나에게 가져 왔다. 이제 이것을 나의 관점에서 보도록 하자. 너는 내가 원하는 것과 내가 행하는 바를 이해할 필요가 있다. 나는 네 자녀의 행동을 통해 너에게 말하고, 너의 관심을 모으고, 너를 깨끗하게 하기를 원한다."
> 이 성경에서 하나님의 말씀을 듣고 난 이후 내 기도의 초점은 바뀌었다. 나는 하나님께 존을 변화시켜 주시라고 요청하기 보다는 나를 정결케 하시고 내 속에 하나님이 원하는 일을 하시도록 간구하기 시작했다. 얼마나 놀라운 일인가? 그 자녀를 통해 하나님께서 나에게 살아있는 교육을 시키고 계시다니! 당신은 성경을 묵상하는 것과 성경을 연구하는 것이 얼마나 다른지 알게 될 것이다. 둘 다 중요하다. 그리고 신실하고 진지한 그리스도인들은 어느 것 하나도 무시할 수 없을 것이다.[9]

이렇게 하나님의 말씀을 깊이 묵상하는 삶을 통하여 매일매일 하나님의 음성을 듣고 하나님의 영광을 바라보게 되어질 때 주님을 닮아가는 영적 변화가 일어나게 되어진다.

---

9) Peter Lord, *Hearing God (하나님의 음성듣기)*, 생명의 말씀사, 1999, pp. 275-276.

영국 청교도 운동의 지도자였던 토마스 왓슨(Thomas Watson)은 "묵상이 마음을 가다듬어서 은혜로운 경지로 진입시키는 방편이라는 사실을 마귀는 잘 안다. 그래서 마귀는 묵상에 저항한다. 당신이 설교를 잘 들으며 기도를 잘 하는 그리스도인이라지만, 그렇다고 하여 그대가 묵상하지 않는 그리스도인이라면, 사탄은 그런 모습을 흐뭇해 한다. 당신이 묵상의 탄알을 명중시켜 박아놓지 않고선, 사탄은 당신의 웬만한 사격엔 끄떡도 하지 않는다"라고 말하면서 묵상할 때 진리들이 그 가운데서 빛과 열을 발하기 시작하기 때문에 묵상은 말씀에서 유익을 얻어내는 탁월한 방법임을 강조한바 있다.[10)]

성경에서 말씀묵상이 효과적인 기도를 하게 한다는 사실을 시편 143편 5절과 6절의 말씀이 가르쳐주고 있다. "내가 옛날을 기억하고 주의 모든 행하신 것을 묵상하며 주의 손의 행사를 생각하고 주를 향하여 손을 펴고 내 영혼이 마른 땅같이 주를 사모하나이다" 이렇게 말씀을 묵상하는 가운데 그 말씀 묵상이 기도로 연결되어졌던 것을 고백하고 있다.

또한 말씀묵상의 필요성은 기도의 사람 조지 뮬러(George Mueller, 1805-1898)의 체험과 고백을 통해서도 증거되어 지고 있다. 그는 93세의 일기로 하나님의 부르심을 받은 사람이었

---

10) Thomas Watson, *Gleanings from Thomas Watson (토마스 왓슨의 묵상)*, 이기양 역, 기독교문서선교회, 2002, pp. 119-120.

는데, 한 평생 3천명의 고아들을 믿음의 기도를 통하여 먹여 살렸고, 일평생 5만 번의 기도의 응답을 체험하는 그런 놀라운 역사를 이루었던 하나님의 사람이었다. 이런 그가 자서전 가운데서 다음과 같이 고백을 하고 있다:

> "나는 매일 해야 할 가장 크고 중요한 일이 주 안에서 내 영혼이 행복해지는 것임을 그 어느 때보다 분명하게 알았다. 첫째로 관심을 가질 것은 내가 주께 얼마나 봉사할 것인가, 내가 얼마나 주를 영화롭게 할 것인가가 아니라, 어떻게 내 영혼을 행복한 상태로 들어가게 할 것인가, 내 속 사람이 얼마나 살질 것인가였다. 왜냐하면 내가 다른 사람들에게 유익을 줄려고 해도 내가 주 안에서 행복하지 않고 매일 내 속사람이 양분을 취하고 튼튼해지지 않으면 이 모든 것을 올바른 정신으로 행하지 못할 것이기 때문이다.
>
> 나는 적어도 지난 10년 동안 아침에 옷을 입고 난 다음에 기도에 전념하는 습관이 있었다. 이제 내가 행할 가장 중요한 것이 하나님의 말씀 읽기와 묵상에 전념하며 그래서 내 마음이 위로받고, 격려받고, 경고받고, 질책받고, 교훈을 받을 수 있고, 또한 묵상하는 가운데 내 마음이 주님과 체험적인 교제를 나누게 되는 것임을 알았다. 그러므로 나는 이른 아침에 처음부터 신약을 묵상하기 시작했다. ... 나의 이전 체험과 현재 체험의 차이점은

바로 이것이다. 전에는 일어날 때 가능한 한 이내 기도하기 시작했으며 일반적으로 아침 식사 전까지 기도하는데 모든 시간을 드렸다. 그러나 그 결과는 무엇이었는가? 나는 종종 영혼의 위로와 격려와 겸손함을 얻었다는 생각을 갖기까지 15분 혹은 30분 혹은 1시간을 무릎 꿇고 기도하는데 보내곤 했다. 그리고 종종 처음 10분 혹은 15분 심지어 30분 동안 마음이 배회하는 데서 크게 고통을 당한 후에야 비로소 참으로 기도하기 시작했다. 나는 지금 이렇게 고통을 당하는 경우가 거의 없다. … 하나님의 자녀가 아침마다 해야 할 최초의 일은 속사람을 위한 양식을 얻는 것이다. 겉 사람은 음식을 먹지 아니하면 한동안 일하기에 적합하지 않기에 아침에 행하는 처음의 일 가운데 식사가 있는 것처럼, 우리의 속사람을 위하여 음식을 먹어야 하는데 속사람을 위한 음식은 기도가 아니라 하나님의 말씀이다. … 그래서 나는 모든 동료 신자들에게 이 문제를 깊이 생각할 것을 간절히 그리고 엄숙히 요청 한다."[11]

더 나아가, 그는 어떤 책에서도 이 점을 깨우쳐 주는 것을 읽어 보지 못했고, 다른 사람들을 통해서도 직접 이런 조언을 얻지 못했다는 것을 고백하면서, 하나님께서 이 점을 깨우쳐

---

11) John Piper, *Desiring God* (*여호와를 기뻐하라*), 김기찬 역, 생명의 말씀사, 1998, pp. 170-172.

주신 이후로 40년 넘게 이런 말씀 묵상을 먼저 하므로 어려운 시련들을 평강 가운데 통과할 수 있는 하나님의 도우심과 능력을 힘입을 수 있었다고 간증한바 있다.

이렇게 조지 뮬러는 매일 매일의 하루의 일과를 시작하면서 무엇보다도 먼저 말씀 묵상을 하는 가운데 하나님의 뜻대로의 깊은 기도의 자리로 나아갈 수가 있었고, 하나님의 약속의 말씀을 확신하는 가운데 놀라운 사역들을 감당해 나감으로 예수 그리스도의 빛을 발하고 하나님의 영광을 크게 드러낼 수가 있었던 것이다.

19세기 영국에서 사도시대 이래 가장 뛰어난 설교자라는 평가를 받았던 "설교의 황태자" 찰스 스펄전(Charles H. Spurgeon)은 19세의 어린 나이에 300년 전통을 자랑하는 런던의 뉴파크 스트리트 교회에 부임하여 죽을 때까지 38년 동안 목회하는 가운데 수많은 영혼들을 주께로 인도했던 목회자요 전도자로서 쓰임을 받았던 비결도 바로 효과적인 말씀 묵상과 연구로 말미암은 것이었다.

그는 새벽기도와 묵상 후 곧 바로 성경을 연구했는데, 스펄전이 그렇게 성경을 연구하게 된 이유는 성경만이 유일한 설교 자료요 무한한 보고라는 확신을 가졌기 때문이었다. 그러기에 그는 설교를 준비할 때도 성경을 가장 좋은 자료로 사용했는데, 그는 이렇게 고백하였다:

> 성경은 설교자의 발이 전혀 닿지 않는 처녀봉과 같다. 수백 가지의 하나님 말씀은 아직도 탐험되지 않은, 황금으로 덮여있는 보물섬이다. 35년이 지난 지금에 이르러서 나는 성경의 보고는 결코 고갈될 수 없다는 사실을 깨달았다. '나는 그 안에서 이제 활동을 시작한 것에 불과하다' 라고도 생각할 수 없을 정도로!
> 우리에게 중요한 일은 성경을 연구하는 것이다. 대장장이의 주요임무는 말굽에 징을 박는 일이다. 그가 금화를 만들어 낼 수 있다 하여도 징을 만들어 말굽에 박을 줄 모르면 그는 대장장이로서 실패한 것이다. ... 친애하는 여러분! 성경을 연구하라. 여러분이 얻을 수 있는 모든 방법과 도움을 다 동원하여 철저히 연구하라. ... 여러분이 계속 청중 앞에 서서 설교하려면 더 위대한 성경학자가 되어야 한다. 모든 지식에 관심을 가지라. 그러나 무엇보다 하나님의 율법 책을 밤낮으로 묵상하라. ... 성경을 깊이 묵상하는 일이야말로 광석으로부터 금을 제련해내는 것과 같은 것입니다.[12)]

이러한 집중적인 말씀 묵상과 연구가 바로 스펄전의 영성의 원동력이 되어졌고 이로 인해서 놀라운 사역의 풍성한 결실을 맺을 수가 있었던 것이다. 그러므로 이 시대의 그리스도인들

---

12) 송삼용, *찰스 스펄전 목회광맥*, 넥서스Cross, 2010, pp. 213-216.

로 부르심을 받은 자들도 하나님의 음성을 듣고자 하는 열린 마음을 가지고 정직하게, 꾸준히 말씀에 다가가는 노력을 게을리 해서는 아니될 것이며, 이런 성실한 자세로 말씀 묵상에 임하게 될 때에 하나님께서 성경의 각 페이지를 통해 우리를 만나 주시며 우리의 영혼과 우리의 사역에 필요한 은혜의 말씀들을 깨닫게 해 주시므로 놀라운 말씀의 축복들을 누리게 해 주실 것이다.

2. 말씀을 사랑하는 자에게 약속되어진 축복

시편 119편은 시편들 가운데서 가장 긴 시편일 뿐만 아니라 신구약 전체에서도 가장 긴 장으로서 하나님의 말씀의 중요성과 탁월성과 말씀의 유익과 그 효력이 얼마나 놀라운가 하는 것을 구체적으로 설명해주고 있다. 윌리엄 시몬스(William Simmons)는 "이 시편은 전체 시편들이라고 하는 하늘에서 가장 크고 으뜸가는 빛을 발하는 별과 같다"라고 말을 한바가 있으며,[13] 주경신학자 매튜 헨리(Matthew Henry)는 "이것은 그 자체로서 완벽한 시편이며, 다른 모든 시편들보다 탁월하여

13) C. H. Spurgeon, *The Treasury of David (스펄전의 시편 강해)*, 제 9권, 김태곤 역, 생명의 말씀사, 1998, p. 327.

마치 성좌 가운데서 가장 빛나는 별과 같다"라고 본 시편의 중요성과 탁월성을 언급한바가 있다.[14)]

본 시편 가운데 하나님의 말씀에 관한 다양한 표현들이 사용되어지고 있는데, '여호와의 법', '여호와의 증거', '율법', '법도', '율례', '의', '계명', '판단', '규례', '도', '법', '기사' 라는 다양한 단어들은 모두가 하나님의 말씀을 의미하는 동의어들로 사용되어지고 있다. 따라서 본 시편 119편의 말씀은 처음부터 끝까지 하나님의 말씀이 얼마나 중요한가 하는 것을 구체적으로 깨우쳐 주면서 이 하나님의 말씀을 사랑하는 자가 받게 될 축복이 무엇인가?하는 것을 가르쳐 주고 있다.

첫째로, 하나님의 말씀을 사랑하는 자에게 약속되어진 축복은 원수보다 지혜롭게 되어지는 승리의 축복을 약속해 주셨다. 시 119편 98절에 "주의 계명이 항상 나와 함께 하므로 그것이 나로 원수보다 지혜롭게 하나이다"라고 말씀하고 있다. 여기에 원수는 나를 넘어뜨리려고 호시탐탐 나를 노리고 있는 대적자가 바로 원수라고 하는 존재이다.

오늘날 우리 주변에 얼마나 원수가 많은가? 날이 갈수록 생존경쟁이 치열해지고 있는 오늘 우리의 삶의 현장에서 나를 꺼꾸러뜨리고 어떤 분야에서 나보다 앞서 갈려고 하는 경쟁자

14) Matthew Henry, *Matthew Henry's Commentary: Psalms (시편)*, Vol. 3, 박근용 역, 기독교문사, 1978, p. 360.

들이 적지 아니한 것을 우리는 체험적으로 잘 알고 있다. 실제로 사탄 마귀는 할 수만 있으면 택한 하나님의 자녀들이라고 할지라도 넘어뜨리고 타락의 자리로 끌고 갈려고 호시탐탐 그 기회만을 엿보고 있다는 사실을 성경은 우리에게 가르쳐 주고 있다.

이런 원수들이, 나의 삶의 경쟁자들과 대적자들이 많은 세상에서 우리가 어떻게 그들의 공격에서 자신을 보호하고 그들의 잘못된 수단 방법들에 걸려 넘어지지 아니하고, 그들과의 경쟁에서 이길 뿐만 아니라 그들이 감히 넘볼 수 없는 하나님이 보장해 주시는 승리의 삶을 살아갈 수 있는 비결이 무엇이겠는가?

그 승리의 비결이 바로 하나님의 말씀과 함께 하는 삶을 살아갈 때에 능히 가능하게 되어진다는 사실을 본문 98절의 말씀이 우리에게 깨우쳐 주고 있다. 요한 1서 2장 14절에 "청년들아 내가 너희에게 쓴 것은 너희가 강하고 하나님의 말씀이 너희 속에 거하시고 너희가 흉악한 자를 이기었음이라" 이렇게 하나님의 말씀이 내 속에 풍성히 거할 때에 말씀이 주는 지혜와 영감과 능력으로 흉악한 자, 마귀의 공격을 무력화시키고 원수를 이기는 무기가 되어진다는 사실을 말씀해 주고 있다.

하나님이신 예수님께서도 광야에서 마귀의 시험을 받을 때에 예수님은 하나님이시기 때문에 마귀가 복종하도록 능히 명령하실 수가 있었음에도 불구하고 기록된 성경에 의지하여 신명기서의 말씀을 가지고 마귀의 유혹을 물리치고 승리하셨다고 하는 사실은 우리에게 엄청난 영적 교훈을 던져주고 있는 그런 사건이 아닐 수가 없다. 우리의 대적 원수 마귀뿐만 아니라 나를 넘어뜨릴려고 하는 모든 악한 세력들과의 싸움에서 승리하기 위해서는 무엇보다도 하나님의 말씀이 내 속에 풍성히 거하게 할 수 있도록 하나님의 말씀을 주야로 묵상하는, 말씀과 함께하는 삶을 살아가야 한다는 것이다.

미국의 역대 대통령들 가운데서 변함없이 최고의 지도자로 평가를 받고, 존경을 받고 있는 사람이 바로 16대 에이브라함 링컨 대통령으로 알려져 있는데, 초대 와싱턴 대통령으로부터 43대 부시 대통령에 이르기까지 42명의 미국의 대통령 가운데 가장 정식 교육을 제대로 받지 못한 사람이 바로 에이브라함 링컨이었다. 그가 받은 정식 학교교육이라야 다 합쳐봐야 고작 일년 정도 밖에 되지 못했고, 또한 가난한 가정에서, 공부하기 어려운 환경 가운데서 자라난 사람이었는데, 그가 10살 때 풍토병으로 세상을 떠나게 되어진 그의 어머니가 어린 링컨의 손을 붙잡고 이런 유언을 남겼다고 한다.

“사랑하는 에이브야, 이 성경책은 내 부모님으로부터 물려받은 것이다. 내가 여러 번 읽어 많이 낡았지만 우리 집안의 값진 보물이란다. 나는 너에게 100에이커의 땅을 물려주는 것보다 이 한 권의 성경책을 물려주는 것을 진심으로 기쁘게 생각한다. 에이브야, 너는 이 성경을 부지런히 읽고, 성경 말씀대로 하나님을 사랑하고 이웃을 사랑하는 사람이 되어다오. 이것이 나의 마지막 부탁이다. 약속할 수 있겠니?"[15)]

이렇게 유언을 남기고 세상을 떠나게 되어진 그의 어머니의 유언을 마음 속 깊이 간직하면서 어린 링컨은 그의 어머니로부터 물려받은 성경책을 매일 읽고 묵상하는 가운데 하나님 앞에서 진실되고 정직한 삶을 살아가는 훈련을 받게 되어졌고, 그 당시 미국사회에서 큰 문제가 되고 있었던 노예제도가 하나님의 뜻에 어긋나는 잘못된 제도라는 사실을 확신하게 되어지므로 노예제도 폐지를 공약으로 내세우면서 대통령에 출마하게 되어졌고, 그 결과로 미국의 제 16대 대통령이 되어질 수가 있었던 것이다.

그러나 이 노예제도의 폐지를 반대했던 미국 남부지역의 7개 주들이 남부 연합을 결성하여 새로운 대통령을 선출하고 공식적으로 미연방에서의 탈퇴를 선언하므로 남북전쟁이 일어나게 되어 만 4년 동안 70만 명이 넘는 많은 사람들이 전쟁터에서 죽게 되어지는 내전의 참혹한 시련을 겪게 되어졌다. 막상 전쟁이 시작되자 유보적인 태도를 취했던 다른 4개 주들

---

15) 전광, *백악관을 기도실로 만든 대통령*, 생명의 말씀사, 2003, p. 26.

까지 링컨을 반대하는 남부 연합에 가세하는 어려움을 당했을 뿐만 아니라, 그 당시 남부연합군에는 유명한 명장이었던 로버트 리 장군을 위시하여 유능한 지휘관들이 많아 뛰어난 판단력과 주도면밀한 작전으로 북군이 초반에는 많은 어려움을 당할 수밖에 없었다.

그럼에도 불구하고 링컨은 조금도 흔들리지 않고 말씀묵상을 통해서 노예제도 폐지가 하나님의 뜻이라는 확신을 가지고 전쟁에 임하므로 본문의 말씀 그대로 원수보다 더 뛰어난 지혜를 하나님께로부터 얻음으로 말미암아 마침내 그 전쟁에서 승리하므로 흑인들에게 진정한 자유를 줄 수가 있었고, 미합중국의 분열을 막는 통일 대통령이 될 수가 있었던 것이다. 밀고 밀리는 최대의 격전지였던 게티즈버그 전투의 그 어려운 와중에서 군 장교들이 링컨에게 물었다. "국가의 내일이 불확실한데 어떻게 이토록 평온하실 수 있습니까?" 이러한 질문에 링컨은 확신에 찬 목소리로 말하기를 "나는 지금까지 성경을 묵상하고 하나님께 기도하며 국가의 미래를 하나님께 맡겨 드렸습니다. 하나님은 내게 우리가 승리하리라는 확신을 주셨습니다"라고 대답을 하였다는 것이다.[16)]

두 번째로, 하나님의 말씀을 사랑하는 자에게 약속되어진 축

16) Ibid., p. 47.

복은 스승보다 더욱 뛰어난 명철을 얻게 되어진다는 것이다. 시편 119편 99절에 "내가 주의 증거를 묵상하므로 나의 명철함이 나의 모든 스승보다 승하며"라고 말씀하고 있다.

스승은 어떤 사람인가? 지식세계에서 앞서가는 그 분야의 전문가로서 다른 사람들을 가르치는 사람을 지칭하는 단어가 바로 스승이라는 단어이다. 그런데 오늘 본문 99절의 말씀은 이런 특정 분야의 정보나 지식의 영역에서 앞서가는 스승보다도 하나님의 말씀을 사랑하여 이 말씀을 주야로 묵상하는 사람이 더욱 더 뛰어나는 그런 삶의 통찰력과 지혜를 소유하게 되어지므로 오히려 전문가보다도 더 앞서 가게 되어지는 이런 자리에 이르게 되어진다는 사실을 말씀해 주고 있다.

오늘 21세기는 지식 정보화시대라고 말들을 하고 있다. 이런 시대에 어떤 특정분야의 정보와 지식의 영역에서 앞서가는 전문가들도 미처 깨닫지 못하는 그런 새로운 삶의 통찰력과 지혜를 가지고, 놀라운 새로운 발견들을 할 수 있다고 할 때 이 사람이야말로 어떤 분야에서도 인정을 받고 앞서갈 수 있는 진정한 인생의 성공자가 아니겠는가!

오늘날 많은 사람들이 병원에 가서 수술을 받을 때마다 사용하는 마취제가 발명된 150년 전의 일이다. 마취제를 발명한 사람은 제임스 심프슨이라는 산부인과 의사였는데, 이 심프슨은 스코틀랜드에서 빵을 만드는 가난한 집의 아들로 태어났다. 이런 심프슨이 14세 때 에딘버러 대학에 입학하여 의학을 공부할 수 있었고, 약관 29세의 나이에 에딘버러 대학교의 과학교수가 되어졌다.

한번은 이 심프슨이 외과 수술을 받는 환자들이 당하는 고통을 어떻게 하면 덜어 줄 수 있을까를 고심하던 중에 하루는 창세기 2장의 성경말씀을 묵상하는 가운데 놀라운 사실을 발견하게 되어졌다. 창세기 2장 21절과 22절에 하나님께서 아담을 깊이 잠들게 하신 후에 그 갈빗대 하나를 취하고 살로 대신 채워서 그 갈빗대로 하와를 만드셨다는 말씀을 읽는 순간 무릎을 치면서 환호하면서 생각하기를 "하나님께서 아담을 잠들게 하시고 그의 몸속에서 갈빗대를 빼내는 수술을 하셨는데도 아담이 전혀 고통을 느끼지 않고 수술을 마친 것을 보면 고통없이 수술하는 방법이 분명히 있지 않겠는가! 하나님이 아담을 잠재우듯이, 환자를 잠재워 고통을 느끼지 못하게 하면서 무사히 수술을 끝낼 수는 없을까?" 이렇게 기도하면서 궁리를 하는 가운데, 클로로포름이라는 무거운 액체를 실험한 결과, 이것을 마취제로 사용할 수 있다는 것을 1847년 11월에 논문으로 발표를 하므로 수술용 마취제 개발에 성공을 거둘 수가 있었던 것이다. 이 심프슨 교수의 연구결과로 1853년 빅토리아 왕후가 왕자를 분만할 때에 이 클로로포름 마취를 이용하여 성공을 하므로 이 마취법이 공인을 받게 되었고, 이 공로로

당시 스코틀랜드 출신의 의사로서는 처음으로 경의 칭호를 받게 되는 이런 영광과 명성을 얻게 되어졌던 것이다.

미국에서 매우 존경받는 학자였고, 세계적 명문인 예일대학 총장을 역임했던 W. L. 펠프 박사는 "나는 대학교육이 얼마나 중요한지 알고 있습니다. 그러나 성경교육이 없는 대학교육보다는 대학교육이 없는 성경교육이 인간을 더 고귀하게 만듭니다"라고 대학교육의 중요성을 누구보다 더 잘 알고 있었던 세계적인 대학총장이었지만 성경교육이 대학교육보다도 더 중요하다는 사실을 역설한바가 있다.[17] 오늘 본문의 99절의 말씀 그대로 하나님의 말씀을 사랑하여 이 말씀을 묵상하는 자에게는 다른 사람들이 보지 못하는 놀라운 발견을 하게 하시고, 그 시대의 스승들보다 더 앞서가는 이런 인생의 진정한 성공자의 삶을 살게 하신다는 사실을 믿어야 할 것이다.

세 번째로, 하나님의 말씀을 사랑하는 자에게 약속되어진 축복은 노인보다 더 뛰어난 삶의 지혜와 분별력과 통찰력을 얻게 되어진다는 것이다. 시편 119편 100절에 "주의 법도를 지킴으로 나의 명철함이 노인보다 승하니이다"라고 말씀하고 있다.

노인이 어떤 사람인가? 노인은 삶의 경험이 그 누구보다도

---

17) 전광, *성경읽고 위대한 영웅이 되라*, 두란노, 2004, p.127.

풍성한 사람이다. 인생의 갖은 고초를 다 겪어오는 가운데 인생의 연륜이 짧은 젊은이들이 갖지 못하는 경험에서 터득하게 되어지는 삶의 지혜와 분별력과 통찰력을 가지게 되어지는 사람이 바로 노인들이다. 그런데, 이런 경험이 그 누구보다도 풍성한 노인들보다도 앞서 갈 수 있는 명철과 지혜와 올바른 판단력과 통찰력을 가지고, 실수 없이 성공적으로 삶을 살아갈 수 있는 이런 축복을 하나님의 말씀을 사랑하여 이 말씀을 묵상하는 자들이 누리게 되어진다는 것이다. 실제로, 하나님의 말씀만큼 성경 속에 나타나는 수천 년 동안의 수많은 사람들의 삶의 경험들을 통하여 우리에게 귀한 삶의 교훈과 참된 지혜와 올바른 분별력을 제공해 주는 책이 또 어디에 있겠는가?

19세기에 복음으로 미국사회를 변화시켰던 유명한 부흥사요, 19세기 최고의 칼빈주의 복음전도자요, 청교도신앙의 설교자였던 디엘 무디와 16대 대통령 에이브라함 링컨과 동 시대를 살았던 사람으로 하나님께로부터 귀하게 쓰임 받았던 신앙의 사람이 존 와나메이커(John Wanamaker)였다. 이 와나메이커는 백화점의 창시자요, 현대 비즈니스의 개척자로 주일성수와 교회학교 교사직 수행을 조건으로 미국 23대 해리슨 대통령으로부터 체신부 장관직을 임명받게 되어졌는데, "성경이 만든 사람" 이라는 평가를 받고 있는 사람이었다.

그는 자신이 개척하여 세운 미국 필라델피아의 베다니 교회학교의 교사로서 또한 부장선생으로서 67년 동안 사역을 했고, 그 교회 장로로서 더 나아가 세계 주일학교 연합회 총재로서, 그리고 그 시대 미국 경제인의 이상적인 모델로서 참으로 놀라운 업적을 이루어 내었던 입지전적인 인물이 바로 와나메이커였다.

그가 85세의 나이에 하나님의 부르심을 받았을 때 그의 장례식에 1만 5천명이 넘는 조문객들이 몰려들었을 뿐만 아니라 미국의 하딩 대통령이 조문을 보내왔고, 그 당시 필라델피아 시장이 필라델피아의 모든 공공기관의 국기들을 조기로 게양하도록 지시할 정도로 그 시대에 헌신적인 봉사자로 인정을 받을 수 있었던 비결이 바로 성경을 사랑하여 이 하나님의 말씀을 묵상하는 가운데 끊임없는 아이디어를 얻어서 그 삶에 적용하고 실천하므로 그와 같은 결과를 가져올 수가 있었다는 것이다.

1921년에 그의 나이가 84세가 되어졌을 때 사업가로서 60년을 맞이하는 기념행사를 하는 행사장에서 한 기자가 그에게 질문을 던졌다. "회장님, 회장님이 지금까지 투자한 것 중에서 가장 성공적인 투자는 무엇이었습니까?" 이 질문에 와나메이커는 조금도 머뭇거림이 없이 대답하기를 "내가 10살 때 최고의 투자를 한 적이 있지요. 그 때 나는 2달러 75센트를 주고 예쁜 가죽 성경 한권을 구입했는데 이것이 내 인생에 있어서 가장 위대한 투자였습니다. 왜냐하면 그 성경이 오늘의 나를 만

들었기 때문입니다"라고 말을 했다는 것이다.[18)]

이 와나메이커가 1921년 세계 주일학교 연합회 총재로 선출된 후 세계 주일학교 대회에서 이런 메시지를 전했다. "저는 주일학교에서 배운 성경교육이 저의 일생에 기본적인 교육이 되었습니다. 여러분들도 알다시피 저는 세상적인 공교육은 거의 받지 못한 사람입니다. 그러나 주일학교에서 평생 성경을 공부했고, 그 시간은 제 인생에서 가장 즐거운 시간이었습니다. 다른 데서는 얻을 수 없는 지식을 성경을 통해 배웠습니다. 제가 받았던 이 주일학교 교육이 너무나 귀했기에 이 사역을 위하여 제 인생 전부를 투자했습니다. 저는 성경에서 구세주 되신 예수님을 만났으며, 주님 안에서 제 인생의 변화를 경험하게 되었습니다. 저는 연약하고 보잘 것 없는 인생이었지만, 저의 힘과 능력이 되신 하나님을 신뢰하고 그 분과 동행했을 때 모든 두려움은 사라졌고, 무엇이든 할 수 있는 용기와 확신을 얻게 되었습니다. 성경을 읽을 때마다 새로운 아이디어와 비젼을 주신 하나님을 찬양합니다"라고 감동적인 간증을 하였다고 한다.[19)]

그는 9살부터 12살 때까지 약 4년 정도밖에 공교육을 받지 못한 그런 사람이었지만 10살 때부터 다닌 주일학교에서 성경교

---

18) 전광, *성경이 만든 사람*, 생명의 말씀사, 2005, pp. 22-23.
19) Ibid., pp. 232-233.

육을 받는 가운데 17살 때 교회학교 보조교사로서 봉사를 시작해서 19살 때 교회학교 정식교사로서 성경을 가르치는 교사사역에 본격적으로 참여하여 그가 하나님의 부르심을 받게 된 85세까지 67년 동안 교회학교 교사로서 한결같이 성경을 묵상하고 가르치는 사역을 즐거움으로 감당했던 성경의 사람이었다.

또한 그는 자신이 교회학교를 통해서 받은 은혜와 축복을 다른 아이들에게 되돌려 주고 또 아이들만을 위한 체계적인 교회교육을 하고자하는 간절한 마음으로 20세가 되었을 때 미국 필라델피아에서 베다니 주일학교를 4명의 교사와 27명의 학생으로 개척을 시작해서 그의 사역 말년에는 교사가 1천 5백명에 학생이 6천명이 넘는 그 당시 세계에서 가장 큰 교회학교로 성장하는 놀라운 성과를 거둘 수가 있었다.

이뿐만 아니라 말씀을 사랑했던 와나메이커는 당대의 최고의 사업가로서 놀라운 성공을 거둘 수가 있었다. 그가 23세 때인 1861년에 오크 홀 의류점이라는 남성복 의류를 판매하는 의류사업을 시작하여 그 시대의 사업가들이 도무지 생각할 수 없었던 참신하고 기발한 사업 아이디어를 가지고 탁월하게 성공적으로 사업을 경영해 나갈 수 있었다. 그리해서 세계 최초로 한 점포에서 모든 분야의 좋은 품질의 물건들을 저렴한 가격으로 단 시간에 편리하게 마음껏 구매할 수 있도록 고객들에게 최대한의 편의를 제공해야 하겠다는 이런 백화점의 아이디어를 가지고 세계 최초로 백화점을 만든 장본인이 바로 와나메이커였고, 이로 말미암아 전 세계에 무수히 많은 백화점들이 생겨나게 되어졌던 것이다.

세계 최초로 현대적인 전면 신문광고를 시작했고, 고객들이 믿고 물건을 살 수 있도록 정가 판매제도를 최초로 시작했을 뿐만 아니라 고객이 만족스럽게 생각지 아니할 때는 100% 즉각 환불 해주는 이런 제도를 처음으로 도입했던 사람이 그였던 것이다.

또한 각종 전시회, 발표회, 각종 대회를 백화점이 개최하게 하므로 시민들을 섬기고 봉사하는 이런 마인드를 가지고 언제나 소비자 편에서 생각을 하고, 고객만족을 최우선으로 하여 사업을 펼쳐 나가는 이런 일들을 1800년대에 벌써 최초로 실천에 옮기므로, 25만 명의 사람들에게 일자리를 제공할 수 있었고, 백화점에서 상업대학을 시작하고 직원들을 위해서 휴양시설뿐만 아니라 병원까지 설립할 수 있었다.

그가 나중에 미국의 체신부 장관이 되어서 세계최초로 우체국에서 편지뿐만 아니고 물건도 보낼 수 있는 소포제도를 처음으로 시작을 했고, 동네사람들이 돈도 우체국에 예금 할 수 있게 하여 개인과 국가의 경제발전에도 엄청난 기여를 했을 뿐만 아니라, 나중에는 우표 없이도 다량의 우편물을 보낼 수 있도록 언제나 고객 중심의 행정을 펼쳐 나갔던 사람이 바로 와나메이커였다.

이런 무궁무진한 아이디어들을 일반 교육을 제대로 받지 못한 그였지마는 성경을 사랑하고 언제나 말씀을 묵상하고 가르치는 가운데서 영감과 신선한 아이디어를 얻어서 세계 최초로 그가 시작한 일들이 너무도 많았다고 하는 사실은 시편 119편 100절의 말씀이 증명되어진 구체적인 사례라고 하지 아니할 수 없는 것이다.

이 와나메이커가 나중에 베다니 교회 외에 3개의 교회를 직접 세웠을 뿐만 아니라 다른 개척교회들을 돕는 일들에 자신의 물질을 아낌없이 드렸고, 놀라운 것은 세계 곳곳에 선교목적으로 YMCA 건물들을 지어주는 가운데, 우리 한국 땅에도 1908년에 서울 종로에 약 600평 규모의 웅장한 현대식의 YMCA 건물을 그가 보내온 거액의 기부금으로 짓게 되어지므로 국경을 초월해서 우리 한국 사람들에게까지 귀한 봉사를 했던 장본인이었다. 그가 지어준 서울의 YMCA 건물에서 김규식, 윤치호, 이상재, 이승만, 이승훈, 조만식 등의 애국지사들이 선교사업과 금주금연운동, 물산장려운동, 농촌계몽운동, 청소년운동, 독서운동과 야학과 장애인 사역 등 사회계몽 운동을 활발하게 펼쳐 나가므로 한국의 선교운동과 민족의 독립운동을 위한 산파역할을 하는 이런 공헌을 하였던 것이다.

이 모든 것은 하나님의 말씀을 사랑하여 이 말씀을 늘 가까이 하고 이 말씀을 주야로 묵상하는 삶을 살았기에 하나님의 말씀의 약속 그대로 놀라운 축복을 삶 속에서 누리고 체험하고 간증할 수가 있었던 것이다. 오늘 이 시대에도 하나님은 이런 말씀의 사람들을 찾고 계신다.

3. 신약에서 암송해야할 주요 성경구절들

영적 성장과 열매맺는 사역을 위하여 주요 성경구절들을 암송하는 것이 참으로 중요하고 필수적임을 영성 신학자 달라스 윌라드(Dallas Willard)는 다음과 같이 언급하고 있다: "성경 암송은 영적 성장의 절대적 기초다. 영적인 삶의 모든 훈련들 가운데 한 가지를 선택해야 한다면 성경 암송을 선택할 것이다. 왜냐하면 성경 암송은 우리의 마음이 필요로 하는 것을 채워주는 기본적인 방법이기 때문이다. 이 율법책을 네 입에서 떠나지 말게 하라. 율법책은 바로 입에 있어야 한다! 어떻게 하면 율법책이 당신의 입에 있게 할 수 있는가? 암송하면 된다."[20)]

더 나아가, "성경 암송은 하나님과의 깊은 교제와 동행 즉 그 분과의 기쁜 동행에 이르는 가장 확실한 길 가운데 하나

---

20) Dallas Willard, "Spiritual Formation in Christ for the Whole Life and the Whole Person", in *Vocatio 12* (Spring), 2001, p. 7.

다."[21] 그러므로, 신약의 말씀들 가운데서 암송해야 할 주요 성경구절들을 책 순서를 따라 정리해 놓은 아래의 말씀들을 암송한다면 큰 도움이 되어질 것이다.

마 4:4	예수께서 대답하여 이르시되 기록되었으되 사람이 떡으로만 살 것이 아니요 하나님의 입으로 나오는 모든 말씀으로 살 것이라 하였느니라
마 6:33-34	그런즉 너희는 먼저 그의 나라와 그의 의를 구하라 그리하면 이 모든 것을 너희에게 더하시리라 그러므로 내일 일을 위하여 염려하지 말라 내일 일은 내일이 염려할 것이요 한 날 괴로움은 그 날로 족하니라
마 7:7-8	구하라 그러면 너희에게 주실 것이요 찾으라 그러면 찾아낼 것이요 문을 두드리라 그러면 너희에게 열릴 것이니 구하는 이마다 받을 것이요 찾는 이가 찾아낼 것이요 두드리는 이에게는 열릴 것이니라
마 7:21	나더러 주여 주여 하는 자마다 다 천국에 다 들어갈 것이 아니요 다만 하늘에 계신 내 아버지의 뜻대로 행하는 자라야 들어가리라
마 10:28	몸은 죽여도 영혼은 능히 죽이지 못하는 자들을 두려워하지 말고 오직 몸과 영혼을 능히 지옥에 멸하실 수 있는 이를 두려워하라

---

21) John Piper, *When I Don't Desire God* (*하나님을 기뻐할 수 없을 때*), 전의우 역, IVP, 2005, p. 168.

마 10:29-31 참새 두 마리가 한 앗사리온에 팔리지 않느냐 그러나 너희 아버지께서 허락하지 아니하시면 그 하나도 땅에 떨어지지 아니하리라 너희에게는 머리털까지 다 세신 바 되었나니 두려워하지 말라 너희는 많은 참새보다 귀하니라

마 11:28-30 수고하고 무거운 짐진 자들아 다 내게로 오라 내가 너희를 쉬게 하리라 나는 마음이 온유하고 겸손하니 나의 멍에를 메고 내게 배우라 그리하면 너희 마음이 쉼을 얻으리니 이는 내 멍에는 쉽고 내 짐은 가벼움이라 하시니라

마 13:43 그 때에 의인들은 자기 아버지 나라에서 해와 같이 빛나리라

마 15:18-19 입에서 나오는 것들은 마음에서 나오나니 이것이야말로 사람을 더럽게 하느니라 마음에서 나오는 것은 악한 생각과 살인과 간음과 음란과 도적질과 거짓 증언과 비방이니

마 16:27 인자가 아버지의 영광으로 그 천사들과 함께 오리니 그 때에 각 사람이 행한 대로 갚으리라

마 17:20 이르시되 너희 믿음이 작은 까닭이니라 진실로 너희에게 이르노니 만일 너희에게 믿음이 겨자씨 한 알 만큼만 있어도 이 산을 명하여 여기서 저기로 옮겨지라 하면 옮길 것이요 또 너희가 못할 것이 없으리라

마 18:6 누구든지 나를 믿는 이 작은 자 중 하나를 실족케 하면 차라리 연자 맷돌이 그 목에 달려서 깊은 바다에 빠뜨려지는 것이 나으니라

마 18:19 진실로 다시 너희에게 이르노니 너희 중의 두 사람이 땅

에서 합심하여 무엇이든지 구하면 하늘에 계신 내 아버지께서 그들을 위하여 이루게 하시리라

마 18:20 두 세 사람이 내 이름으로 모인 곳에는 나도 그들 중에 있느니라

마 19:26 예수께서 그들을 보시며 이르시되 사람으로는 할 수 없으나 하나님으로서는 다 하실 수 있느니라

마 20:26-27 너희 중에는 그렇지 않아야 하나니 너희 중에 누구든지 크고자 하는 자는 너희를 섬기는 자가 되고 너희 중에 누구든지 으뜸이 되고자 하는 자는 너희 종이 되어야 하리라

마 20:28 인자가 온 것은 섬김을 받으려 함이 아니라 도리어 섬기려 하고 자기 목숨을 많은 사람의 대속물로 주려 함이니라

마 22:37-40 예수께서 이르시되 네 마음을 다하고 목숨을 다하고 뜻을 다하여 주 너의 하나님을 사랑하라 하셨으니 이것이 크고 첫째 되는 계명이요 둘째도 그와 같으니 네 이웃을 네 몸과 같이 사랑하라 하셨으니 이 두 계명이 온 율법과 선지자의 강령이니라

마 24:14 이 천국 복음이 모든 민족에게 증언되기 위하여 온 세상에 전파되리니 그제야 끝이 오리라

마 24:35 천지는 없어질지언정 내 말은 없어지지 아니하리라

마 24:36 그러나 그 날과 그 때는 아무도 모르나니 하늘의 천사들도, 아들도 모르고 오직 아버지만 아시느니라

마 25:23 그 주인이 이르되 잘 하였도다 착하고 충성된 종아 네가 적은 일에 충성하였으매 내가 많은 것을 네게 맡기리니

	네 주인의 즐거움에 참여할지어다 하고
마 28:18-20	예수께서 나아와 말씀하여 이르시되 하늘과 땅의 모든 권세를 내게 주셨으니 그러므로 너희는 가서 모든 민족을 제자로 삼아 아버지와 아들과 성령의 이름으로 세례를 베풀고 내가 너희에게 분부한 모든 것을 가르쳐 지키게 하라 볼지어다 내가 세상 끝날까지 너희와 항상 함께 있으리라 하시니라
막 10:29-30	예수께서 가라사대 내가 진실로 너희에게 이르노니 나와 복음을 위하여 집이나 형제나 자매나 어머니나 아버지나 자식이나 전토를 버린 자는 현세에 있어 집과 형제와 자매와 어머니와 자식과 전토를 백 배나 받되 박해를 겸하여 받고 내세에 영생을 받지 못할 자가 없느니라
막 16:15-16	또 이르시되 너희는 온 천하에 다니며 만민에게 복음을 전파하라 믿고 세례를 받는 사람은 구원을 얻을 것이요 믿지 않는 사람은 정죄를 받으리라
막 16:20	제자들이 나가 두루 전파할새 주께서 함께 역사하사 그 따르는 표적으로 말씀을 확실히 증언하시니라
눅 2:14	지극히 높은 곳에서는 하나님께 영광이요 땅에서는 하나님이 기뻐하신 사람들 중에 평화로다 하니라
눅 2:52	예수는 그 지혜와 그 키가 자라가며 하나님과 사람에게 더욱 사랑스러워 가시더라
눅 8:17	숨은 것이 장차 드러나지 아니할 것이 없고 감추인 것이

장차 알려지고 나타나지 않을 것이 없느니라

눅 9:23	또 무리에게 이르시되 아무든지 나를 따라오려거든 자기를 부인하고 날마다 제 십자가를 지고 나를 따를 것이니라
눅 9:24	누구든지 제 목숨을 구원하고자 하면 잃을 것이요 누구든지 나를 위하여 제 목숨을 잃으면 구원하리라
눅 10:21	그 때에 예수께서 성령으로 기뻐하시며 이르시되 천지의 주재이신 아버지여 이것을 지혜롭고 슬기 있는 자들에게는 숨기시고 어린아이들에게는 나타내심을 감사하나이다 옳소이다 이렇게 된 것이 아버지의 뜻이니이다

요 1:1	태초에 말씀이 계시니라 이 말씀이 하나님과 함께 계셨으니 이 말씀은 곧 하나님이시니라
요 1:12-13	영접하는 자 곧 그 이름을 믿는 자들에게는 하나님의 자녀가 되는 권세를 주셨으니 이는 혈통으로나 육정으로나 사람의 뜻으로 나지 아니하고 오직 하나님께로부터 난 자들이니라
요 1:14	말씀이 육신이 되어 우리 가운데 거하시매 우리가 그의 영광을 보니 아버지의 독생자의 영광이요 은혜와 진리가 충만하더라
요 4:24	하나님은 영이시니 예배하는 자가 영과 진리로 예배할지니라
요 5:24	내가 진실로 진실로 너희에게 이르노니 내 말을 듣고 또 나 보내신 이를 믿는 자는 영생을 얻었고 심판에 이르지

아니하나니 사망에서 생명으로 옮겼느니라

요 5:39 너희가 성경에서 영생을 얻는 줄 생각하고 성경을 연구하거니와 이 성경이 곧 내게 대하여 증언하는 것이로다

요 6:29 예수께서 대답하여 이르시되 하나님께서 보내신 이를 믿는 것이 하나님의 일이니라 하시니

요 6:37 아버지께서 내게 주시는 자는 다 내게로 올 것이요 내게 오는 자는 내가 결코 내쫓지 아니하리라

요 6:47-48 진실로 진실로 너희에게 이르노니 믿는 자는 영생을 가졌나니 내가 곧 생명의 떡이니라

요 8:29 나를 보내신 이가 나와 함께 하시도다 나는 항상 그가 기뻐하시는 일을 행하므로 나를 혼자 두지 아니하셨느니라

요 8:31-32 그러므로 예수께서 자기를 믿은 유대인들에게 이르시되 너희가 내 말에 거하면 참으로 내 제자가 되고 진리를 알지니 진리가 너희를 자유롭게 하리라

요10:28-29 내가 그들에게 영생을 주노니 영원히 멸망하지 아니할 것이요 또 그들을 내 손에서 빼앗을 자가 없느니라 그들을 주신 내 아버지는 만유보다 크시매 아무도 아버지 손에서 빼앗을 수 없느니라

요 11:25-26 예수께서 이르시되 나는 부활이요 생명이니 나를 믿는 자는 죽어도 살겠고 무릇 살아서 나를 믿는 자는 영원히 죽지 아니하리니 이것을 네가 믿느냐

요 13:1 유월절 전에 예수께서 자기가 세상을 떠나 아버지께로 돌아가실 때가 이른 줄 아시고 세상에 있는 자기 사람들

을 사랑하시되 끝까지 사랑하시니라

요 13:34-35 새 계명을 너희에게 주노니 서로 사랑하라 내가 너희를 사랑한 것같이 너희도 서로 사랑하라 너희가 서로 사랑하면 이로써 모든 사람이 너희가 내 제자인 줄 알리라

요 14:1-3 너희는 마음에 근심하지 말라 하나님을 믿으니 또 나를 믿으라 내 아버지 집에 거할 곳이 많도다 그렇지 않으면 너희에게 일렀으리라 내가 너희를 위하여 거처를 예비하러 가노니 가서 너희를 위하여 거처를 예비하면 내가 다시 와서 너희를 내게로 영접하여 나 있는 곳에 너희도 있게 하리라

요 14:6 예수께서 이르시되 내가 곧 길이요 진리요 생명이니 나로 말미암지 않고는 아버지께로 올 자가 없느니라

요 14:12 내가 진실로 진실로 너희에게 이르노니 나를 믿는 자는 내가 하는 일을 그도 할 것이요 또한 그보다 큰 일도 하리니 이는 내가 아버지께로 감이라

요 14:13 너희가 내 이름으로 무엇을 구하든지 내가 행하리니 이는 아버지로 하여금 아들로 말미암아 영광을 받으시게 하려 함이라

요 14:15 너희가 나를 사랑하면 나의 계명을 지키리라

요 14:21 나의 계명을 지키는 자라야 나를 사랑하는 자니 나를 사랑하는 자는 내 아버지께 사랑을 받을 것이요 나도 그를 사랑하여 그에게 나를 나타내리라

요 14:26 보혜사 곧 아버지께서 내 이름으로 보내실 성령 그가 너희에게 모든 것을 가르치고 내가 너희에게 말한 모든 것

을 생각나게 하리라

요 14:27 평안을 너희에게 끼치노니 곧 나의 평안을 너희에게 주노라 내가 너희에게 주는 것은 세상이 주는 것과 같지 아니하니라 너희는 마음에 근심하지도 말고 두려워하지도 말라

요 15:5 나는 포도나무요 너희는 가지라 그가 내 안에, 내가 그 안에 거하면 사람이 열매를 많이 맺나니 나를 떠나서는 너희가 아무것도 할 수 없음이라

요 15:7 너희가 내 안에 거하고 내 말이 너희 안에 거하면 무엇이든지 원하는 대로 구하라 그리하면 이루리라

요 15:8 너희가 열매를 많이 맺으면 내 아버지께서 영광을 받으실 것이요 너희는 내 제자가 되리라

요 17:3 영생은 곧 유일하신 참 하나님과 그의 보내신 자 예수 그리스도를 아는 것이니이다

요 17:17 그들을 진리로 거룩하게 하옵소서 아버지의 말씀은 진리니이다

요 20:31 오직 이것을 기록함은 너희로 예수께서 하나님의 아들 그리스도이심을 믿게 하려 함이요 또 너희로 믿고 그 이름을 힘입어 생명을 얻게 하려 함이니라

행 1:8 오직 성령이 너희에게 임하시면 너희가 권능을 받고 예루살렘과 온 유대와 사마리아와 땅 끝까지 이르러 내 증인이 되리라 하시니라

행 2:47 하나님을 찬미하며 또 온 백성에게 칭송을 받으니 주께

	서 구원받는 사람을 날마다 더하게 하시니라
행 4:12	다른 이로써는 구원을 받을 수 없나니 천하 사람 중에 구원을 받을 만한 다른 이름을 우리에게 주신 일이 없음이라 하였더라
행 13:48	이방인들이 듣고 기뻐하여 하나님의 말씀을 찬송하며 영생을 주시기로 작정된 자는 다 믿더라
행 16:31	이르되 주 예수를 믿으라 그리하면 너와 네 집이 구원을 받으리라 하고
행 20:24	내가 달려갈 길과 주 예수께 받은 사명 곧 하나님의 은혜의 복음을 증언하는 일을 마치려 함에는 나의 생명조차 조금도 귀한 것으로 여기지 아니하노라
행 28:30-31	바울이 온 이태를 자기 셋집에 머물면서 자기에게 오는 사람을 다 영접하고 하나님 나라를 전파하며 주 예수 그리스도에 관한 모든 것을 담대하게 거침없이 가르치더라

롬 1:16	내가 복음을 부끄러워하지 아니하노니 이 복음은 모든 믿는 자에게 구원을 주시는 하나님의 능력이 됨이라
롬 1:17	복음에는 하나님의 의가 나타나서 믿음으로 믿음에 이르게 하나니 기록된바 오직 의인은 믿음으로 말미암아 살리라 함과 같으니라
롬 8:1	그러므로 이제 그리스도 예수 안에 있는 자에게는 결코 정죄함이 없나니 이는 그리스도 예수 안에 있는 생명의 성령의 법이 죄와 사망의 법에서 너를 해방하였음이라
롬 8:18	생각하건대 현재의 고난은 장차 우리에게 나타날 영광

과 비교할 수 없도다

롬 8:28 우리가 알거니와 하나님을 사랑하는 자 곧 그의 뜻대로 부르심을 입은 자들에게는 모든 것이 합력하여 선을 이루느니라

롬 8:29 하나님이 미리 아신 자들로 또한 그 아들의 형상을 본받게 하기 위하여 미리 정하셨으니 이는 그로 많은 형제 중에서 맏아들이 되게 하려 하심이니라

롬 8:30 또 미리 정하신 그들을 또한 부르시고 부르신 그들을 또한 의롭다 하시고 의롭다 하신 그들을 또한 영화롭게 하셨느니라

롬 8:31 그런즉 이 일에 대하여 우리가 무슨 말 하리요 만일 하나님이 우리를 위하시면 누가 우리를 대적하리요

롬 8:32 자기 아들을 아끼지 아니하시고 우리 모든 사람을 위하여 내주신 이가 어찌 그 아들과 함께 모든 것을 우리에게 주시지 아니하겠느냐

롬 8:35 누가 우리를 그리스도의 사랑에서 끊으리요 환난이나 곤고나 박해나 기근이나 적신이나 위험이나 칼이랴

롬 8:38-39 내가 확신하노니 사망이나 생명이나 천사들이나 권세자들이나 현재 일이나 장래 일이나 능력이나 높음이나 깊음이나 다른 어떤 피조물이라도 우리를 우리 주 그리스도 예수 안에 있는 하나님의 사랑에서 끊을 수 없으리라

롬 10:17 그러므로 믿음은 들음에서 나며 들음은 그리스도의 말씀으로 말미암았느니라

롬 12:1 그러므로 형제들아 내가 하나님의 모든 자비하심으로

너희를 권하노니 너희 몸을 하나님이 기뻐하시는 거룩한 산 제물로 드리라 이는 너희가 드릴 영적 예배니라

롬 12:2 너희는 이 세대를 본받지 말고 오직 마음을 새롭게 함으로 변화를 받아 하나님의 선하시고 기뻐하시고 온전하신 뜻이 무엇인지 분별하도록 하라

롬 14:7-8 우리 중에 누구든지 자기를 위하여 사는 자가 없고 자기를 위하여 죽는 자도 없도다 우리가 살아도 주를 위하여 살고 죽어도 주를 위하여 죽나니 그러므로 사나 죽으나 우리가 주의 것이로다

고전 2:9 기록된바 하나님이 자기를 사랑하는 자들을 위하여 예비하신 모든 것은 눈으로 보지 못하고 귀로 듣지 못하고 사람의 마음으로 생각하지도 못하였다 함과 같으니라

고전 10:13 사람이 감당할 시험 밖에는 너희가 당한 것이 없나니 오직 하나님은 미쁘사 너희가 감당하지 못할 시험 당함을 허락하지 아니하시고 시험당할 즈음에 또한 피할 길을 내사 너희로 능히 감당하게 하시느니라

고전 10:31 그런즉 너희가 먹든지 마시든지 무엇을 하든지 다 하나님의 영광을 위하여 하라

고전 15:58 그러므로 내 사랑하는 형제들아 견실하며 흔들리지 말고 항상 주의 일에 더욱 힘쓰는 자들이 되라 이는 너희 수고가 주 안에서 헛되지 않은 줄 앎이라

고후 3:17 주는 영이시니 주의 영이 계신 곳에는 자유가 있느니라

고후 3:18	우리가 다 수건을 벗은 얼굴로 거울을 보는 것같이 주의 영광을 보매 그와 같은 형상으로 변화하여 영광에서 영광에 이르니 곧 주의 영으로 말미암음이니라
고후 4:18	우리의 주목하는 것은 보이는 것이 아니요 보이지 않는 것이니 보이는 것은 잠깐이요 보이지 않는 것은 영원함이라
고후 5:17	그런즉 누구든지 그리스도 안에 있으면 새로운 피조물이라 이전 것은 지나갔으니 보라 새 것이 되었도다
갈 2:20	내가 그리스도와 함께 십자가에 못 박혔나니 그런즉 이제는 내가 사는 것이 아니요 오직 내 안에 그리스도께서 사시는 것이라 이제 내가 육체 가운데 사는 것은 나를 사랑하사 나를 위하여 자기 자신을 버리신 하나님의 아들을 믿는 믿음 안에서 사는 것이라
갈 5:22-23	오직 성령의 열매는 사랑과 희락과 화평과 오래 참음과 자비와 양선과 충성과 온유와 절제니 이같은 것을 금지할 법이 없느니라
갈 6:7-9	스스로 속이지 말라 하나님은 업신여김을 받지 아니하시나니 사람이 무엇으로 심든지 그대로 거두리라 자기의 육체를 위하여 심는 자는 육체로부터 썩어질 것을 거두고 성령을 위하여 심는 자는 성령으로부터 영생을 거두리라
갈 6:9	우리가 선을 행하되 낙심하지 말지니 포기하지 아니하면 때가 이르매 거두리라

엡 2:8-9 너희는 그 은혜에 의하여 믿음으로 말미암아 구원을 받았으니 이것은 너희에게서 난 것이 아니요 하나님의 선물이라 행위에서 난 것이 아니니 이는 누구든지 자랑하지 못하게 함이라

엡 2:10 우리는 그가 만드신 바라 그리스도 예수 안에서 선한 일을 위하여 지으심을 받은 자니 이 일은 하나님이 전에 예비하사 우리로 그 가운데서 행하게 하려 하심이니라

엡 4:15 오직 사랑 안에서 참된 것을 하여 범사에 그에게까지 자랄지라 그는 머리니 곧 그리스도라

엡 5:18 술 취하지 말라 이는 방탕한 것이니 오직 성령으로 충만함을 받으라

빌 1:6 너희 안에서 착한 일을 시작하신 이가 그리스도 예수의 날까지 이루실 줄을 우리가 확신하노라

빌 1:20-21 나의 간절한 기대와 소망을 따라 아무 일에든지 부끄러워하지 아니하고 지금도 전과 같이 온전히 담대하여 살든지 죽든지 내 몸에서 그리스도가 존귀하게 되게 하려 하나니 이는 내게 사는 것이 그리스도니 죽는 것도 유익함이라

빌 1:29 그리스도를 위하여 너희에게 은혜를 주신 것은 다만 그를 믿을 뿐 아니라 또한 그를 위하여 고난도 받게 하려 하심이라

빌 4:6-7 아무것도 염려하지 말고 다만 모든 일에 기도와 간구로 너희 구할 것을 감사함으로 하나님께 아뢰라 그리하면

모든 지각에 뛰어난 하나님의 평강이 그리스도 예수 안에서 너희 마음과 생각을 지키시리라

빌 4:8-9 끝으로 형제들아 무엇에든지 참되며 무엇에든지 경건하며 무엇에든지 옳으며 무엇에든지 정결하며 무엇에든지 사랑받을 만하며 무엇에든지 칭찬받을 만하며 무슨 덕이 있든지 무슨 기림이 있든지 이것들을 생각하라 너희는 내게 배우고 받고 듣고 본 바를 행하라 그리하면 평강의 하나님이 너희와 함께 계시리라

빌 4:13 내게 능력주시는 자 안에서 내가 모든 것을 할 수 있느니라

빌 4:19 나의 하나님이 그리스도 예수 안에서 영광 가운데 그 풍성한 대로 너희 모든 쓸 것을 채우시리라

골 3:1-2 그러므로 너희가 그리스도와 함께 다시 살리심을 받았으면 위엣 것을 찾으라 거기는 그리스도께서 하나님 우편에 앉아 계시느니라 위의 것을 생각하고 땅의 것을 생각하지 말라

골 3:16 그리스도의 말씀이 너희 속에 풍성히 거하여 모든 지혜로 피차 가르치며 권면하고

골 3:23-24 무슨 일을 하든지 마음을 다하여 주께 하듯 하고 사람에게 하듯 하지 말라 이는 기업의 상을 주께 받을 줄 아나니 너희는 주 그리스도를 섬기느니라

살전 5:16-18 항상 기뻐하라 쉬지 말고 기도하라 범사에 감사하라 이

것이 그리스도 예수 안에서 너희를 향하신 하나님의 뜻이니라

살전 5:19-22 성령을 소멸하지 말며 예언을 멸시하지 말고 범사에 헤아려 좋은 것을 취하고 악은 어떤 모양이라도 버리라

살후 3:16 평강의 주께서 친히 때마다 일마다 너희에게 평강을 주시고 주께서 너희 모든 사람과 함께 하시기를 원하노라

딤전 4:4-5 하나님께서 지으신 모든 것이 선하매 감사함으로 받으면 버릴 것이 없나니 하나님의 말씀과 기도로 거룩하여 짐이니라

딤전 4:15 이 모든 일에 전심 전력하여 너의 성숙함을 모든 사람에게 나타나게 하라

딤전 6:6 그러나 지족하는 마음이 있으면 경건이 큰 이익이 되느니라

딤전 6:7-8 우리가 세상에 아무것도 가지고 온 것이 없으매 또한 아무것도 가지고 가지 못하리니 우리가 먹을 것과 입을 것이 있은즉 족한 줄로 알 것이니라

딤전 6:9 부하려 하는 자들은 시험과 올무와 여러 가지 어리석고 해로운 정욕에 떨어지나니 곧 사람으로 파멸과 멸망에 빠지게 하는 것이라

딤전 6:10 돈을 사랑함이 일만 악의 뿌리가 되나니 이것을 탐내는 자들은 미혹을 받아 믿음에서 떠나 많은 근심으로써 자기를 찔렀도다

딤전 6:11-12 오직 너 하나님의 사람아 이것들을 피하고 의와 경건과 믿음과 사랑과 인내와 온유를 따르며 믿음의 선한 싸움을 싸우라 영생을 취하라 이를 위하여 네가 부르심을 받았고 많은 증인 앞에서 선한 증언을 하였도다

딤전 6:16 오직 그에게만 죽지 아니함이 있고 가까이 가지 못할 빛에 거하시고 어떤 사람도 보지 못하였고 또 볼 수 없는 이시니 그에게 존귀와 영원한 권능을 돌릴지어다 아멘

딤전 6:17-19 네가 이 세대에서 부한 자들을 명하여 마음을 높이지 말고 정함이 없는 재물에 소망을 두지 말고 오직 우리에게 모든 것을 후히 주사 누리게 하시는 하나님께 두며 선을 행하고 선한 사업을 많이 하고 나누어 주기를 좋아하며 너그러운 자가 되게 하라 이것이 장래에 자기를 위하여 좋은 터를 쌓아 참된 생명을 취하는 것이니라

딤후 1:7 하나님이 우리에게 주신 것은 두려워하는 마음이 아니요 오직 능력과 사랑과 절제하는 마음이니

딤후 2:15 너는 진리의 말씀을 옳게 분별하며 부끄러울 것이 없는 일꾼으로 인정된 자로 자신을 하나님 앞에 드리기를 힘쓰라

딤후 2:20-21 큰 집에는 금 그릇과 은 그릇뿐 아니라 나무 그릇과 질그릇도 있어 귀하게 쓰는 것도 있고 천하게 쓰는 것도 있나니 그러므로 누구든지 이런 것에서 자기를 깨끗하게 하면 귀히 쓰는 그릇이 되어 거룩하고 주인의 쓰심에 합당하며 모든 선한 일에 준비함이 되리라

딤후 3:12 무릇 그리스도 예수 안에서 경건하게 살고자 하는 자는 박해를 받으리라

딤후 3:14-15 그러나 너는 배우고 확신한 일에 거하라 너는 네가 누구에게서 배운 것을 알며 또 어려서부터 성경을 알았나니 성경은 능히 너로 하여금 그리스도 예수 안에 있는 믿음으로 말미암아 구원에 이르는 지혜가 있게 하느니라

딤후 3:16-17 모든 성경은 하나님의 감동으로 된 것으로 교훈과 책망과 바르게 함과 의로 교육하기에 유익하니 이는 하나님의 사람으로 온전하게 하며 모든 선한 일을 행할 능력을 갖추게 하려 함이라

딤후 4:1-2 하나님 앞과 살아 있는 자와 죽은 자를 심판하실 그리스도 예수 앞에서 그가 나타나실 것과 그의 나라를 두고 엄히 명하노니 너는 말씀을 전파하라 때를 얻든지 못 얻든지 항상 힘쓰라 범사에 오래 참음과 가르침으로 경책하며 경계하며 권하라

딤후 4:6-8 전제와 같이 내가 벌써 부어지고 나의 떠날 시각이 가까웠도다 나는 선한 싸움을 싸우고 나의 달려갈 길을 마치고 믿음을 지켰으니 이제 후로는 나를 위하여 의의 면류관이 예비되었으므로 주 곧 의로우신 재판장이 그 날에 내게 주실 것이며 내게만 아니라 주의 나타나심을 사모하는 모든 자에게도니라

딛 2:14 그가 우리를 대신하여 자신을 주심은 모든 불법에서 우리를 속량하시고 우리를 깨끗하게 하사 선한 일을 열심

히 하는 자기 백성이 되게 하려 하심이라

히 3:1	그러므로 함께 하늘의 부르심을 받은 거룩한 형제들아 우리가 믿는 도리의 사도이시며 대제사장이신 예수를 깊이 생각하라
히 4:15	우리에게 있는 대제사장은 우리의 연약함을 동정하지 못하실 이가 아니요 모든 일에 우리와 똑같이 시험을 받으신 이로되 죄는 없으시니라
히 4:16	그러므로 우리는 긍휼하심을 받고 때를 따라 돕는 은혜를 얻기 위하여 은혜의 보좌 앞에 담대히 나아갈 것이니라
히 5:7	그는 육체에 계실 때에 자기를 죽음에서 능히 구원하실 이에게 심한 통곡과 눈물로 간구와 소원을 올렸고 그의 경건하심으로 말미암아 들으심을 얻었느니라
히 5:8-10	그가 아들이시면서도 받으신 고난으로 순종함을 배워서 온전하게 되셨은즉 자기에게 순종하는 모든 자에게 영원한 구원의 근원이 되시고 하나님께 멜기세덱의 반차를 따른 대제사장이라 칭하심을 받으셨느니라
히 9:27	한 번 죽는 것은 사람에게 정해진 것이요 그 후에는 심판이 있으리니
히 10:35	그러므로 너희 담대함을 버리지 말라 이것이 큰 상을 얻게 하느니라
히 10:36	너희에게 인내가 필요함은 너희가 하나님의 뜻을 행한 후에 약속하신 것을 받기 위함이라
히 10:37	잠시 잠깐 후면 오실 이가 오시리니 지체하지 아니하시

리라

히 10:38-39 나의 의인은 믿음으로 말미암아 살리라 또한 뒤로 물러가면 내 마음이 그를 기뻐하지 아니하리라 하셨느니라 우리는 뒤로 물러가 멸망할 자가 아니요 오직 영혼을 구원함에 이르는 믿음을 가진 자니라

히 11:1-2 믿음은 바라는 것들의 실상이요 보이지 않는 것들의 증거니 선진들이 이로써 증거를 얻었느니라

히 11:3 믿음으로 모든 세계가 하나님의 말씀으로 지어진 줄을 우리가 아나니 보이는 것은 나타난 것으로 말미암아 된 것이 아니니라

히 11:6 믿음이 없이는 하나님을 기쁘시게 하지 못하나니 하나님께 나아가는 자는 반드시 그가 계신 것과 또한 그가 자기를 찾는 자들에게 상 주시는 이심을 믿어야 할지니라

히 12:1-2 이러므로 우리에게 구름같이 둘러싼 허다한 증인들이 있으니 모든 무거운 것과 얽매이기 쉬운 죄를 벗어 버리고 인내로써 우리 앞에 당한 경주를 하며 믿음의 주요 또 온전하게 하시는 이인 예수를 바라보자 그는 그 앞에 있는 기쁨을 위하여 십자가를 참으사 부끄러움을 개의치 아니하시더니 하나님 보좌 우편에 앉으셨느니라

히 12:5 내 아들아 주의 징계하심을 경히 여기지 말며 그에게 꾸지람을 받을 때에 낙심하지 말라

히 12:6-7 주께서 그 사랑하시는 자를 징계하시고 그의 받아들이시는 아들마다 채찍질하심이니라 하였으니

히 12:8	징계는 다 받는 것이거늘 너희에게 없으면 사생자요 친아들이 아니니라
히 13:5	돈을 사랑하지 말고 있는 바를 족한 줄로 알라 그가 친히 말씀하시기를 내가 결코 너희를 버리지 아니하고 너희를 떠나지 아니하리라 하셨느니라
히 13:6	그러므로 우리가 담대히 말하되 주는 나를 돕는 이시니 내가 무서워하지 아니하겠노라 사람이 내게 어찌하리요 하노라
히 13:7	하나님의 말씀을 너희에게 일러 주고 너희를 인도하던 자들을 생각하며 그들의 행실의 결말을 주의하여 보고 그들의 믿음을 본받으라
히 13:8	예수 그리스도는 어제나 오늘이나 영원토록 동일하시니라

약 1:2-3	내 형제들아 너희가 여러 가지 시험을 당하거든 온전히 기쁘게 여기라 이는 너희 믿음의 시련이 인내를 만들어 내는 줄 너희가 앎이라
약 1:4	인내를 온전히 이루라 이는 너희로 온전하고 구비하여 조금도 부족함이 없게 하려 함이라
약 1:5	너희 중에 누구든지 지혜가 부족하거든 모든 사람에게 후히 주시고 꾸짖지 아니하시는 하나님께 구하라 그리하면 주시리라
약 1:6-8	오직 믿음으로 구하고 조금도 의심하지 말라 의심하는 자는 마치 바람에 밀려 요동하는 바다 물결 같으니 이런

사람은 무엇이든지 주께 얻기를 생각하지 말라 두 마음을 품어 모든 일에 정함이 없는 자로다

약 4:2-3 너희가 얻지 못함은 구하지 아니하기 때문이요 구하여도 받지 못함은 정욕으로 쓰려고 잘못 구하기 때문이라

약 4:7 그런즉 너희는 하나님께 복종할지어다 마귀를 대적하라 그리하면 너희를 피하리라

약 5:7-8 그러므로 형제들아 주의 강림하시기까지 길이 참으라 보라 농부가 땅에서 나는 귀한 열매를 바라고 길이 참아 이른 비와 늦은 비를 기다리나니 너희도 길이 참고 마음을 굳건하게 하라 주의 강림이 가까우니라

약 5:11 보라 인내하는 자를 우리가 복되다 하나니 너희가 욥의 인내를 들었고 주께서 주신 결말을 보았거니와 주는 가장 자비하시고 긍휼히 여기시는 이시니라

약 5:13 너희 중에 고난당하는 자가 있느냐 그는 기도할 것이요 즐거워하는 자가 있느냐 그는 찬송할지니라

약 5:14 너희 중에 병든 자가 있느냐 그는 교회의 장로들을 청할 것이요 그들은 주의 이름으로 기름을 바르며 그를 위하여 기도할지니라

약 5:15 믿음의 기도는 병든 자를 구원하리니 주께서 그를 일으키시리라 혹시 죄를 범하였을지라도 사하심을 받으리라

약 5:16 그러므로 너희 죄를 서로 고백하며 병이 낫기를 위하여 서로 기도하라 의인의 간구는 역사하는 힘이 큼이니라

벧전 1:7 너희 믿음의 확실함은 불로 연단하여도 없어질 금보다

더 귀하여 예수 그리스도께서 나타나실 때에 칭찬과 영광과 존귀를 얻게 할 것이니라

벧전 1:8-9 예수를 너희가 보지 못하였으나 사랑하는도다 이제도 보지 못하나 믿고 말할 수 없는 영광스러운 즐거움으로 기뻐하니 믿음의 결국 곧 영혼의 구원을 받음이라

벧전 1:23 너희가 거듭난 것이 썩어질 씨로 된 것이 아니요 썩지 아니할 씨로 된 것이니 살아 있고 항상 있는 하나님의 말씀으로 되었느니라

벧전 1:24-25 그러므로 모든 육체는 풀과 같고 그 모든 영광이 풀의 꽃과 같으니 풀은 마르고 꽃은 떨어지되 오직 주의 말씀은 세세토록 있도다 하였으니 너희에게 전한 복음이 곧 이 말씀이니라

벧전 2:1-2 그러므로 모든 악독과 모든 기만과 외식과 시기와 모든 비방하는 말을 버리고 갓난 아기들 같이 순전하고 신령한 젖을 사모하라 이는 그로 말미암아 너희로 구원에 이르도록 자라게 하려 함이라

벧전 2:9 그러나 너희는 택하신 족속이요 왕 같은 제사장들이요 거룩한 나라요 그의 소유가 된 백성이니 이는 너희를 어두운 데서 불러내어 그의 기이한 빛에 들어가게 하신 이의 아름다운 덕을 선포하게 하려 하심이라

벧전 2:20-21 죄가 있어 매를 맞고 참으면 무슨 칭찬이 있으리요 그러나 선을 행함으로 고난을 받고 참으면 이는 하나님 앞에 아름다우니라 이를 위하여 너희가 부르심을 받았으니 그리스도도 너희를 위하여 고난을 받으사 너희에게 본

을 끼쳐 그 자취를 따라오게 하려 하셨느니라

벧전 3:8-9 마지막으로 말하노니 너희가 다 마음을 같이하여 동정하며 형제를 사랑하며 불쌍히 여기며 겸손하며 악을 악으로, 욕을 욕으로 갚지 말고 도리어 복을 빌라 이를 위하여 너희가 부르심을 받았으니 이는 복을 이어받게 하려 하심이라

벧전 3:10-11 그러므로 생명을 사랑하고 좋은 날 보기를 원하는 자는 혀를 금하여 악한 말을 그치며 그 입술로 거짓을 말하지 말고 악에서 떠나 선을 행하고 화평을 구하며 그것을 따르라

벧전 4:7-8 만물의 마지막이 가까이 왔으니 그러므로 너희는 정신을 차리고 근신하여 기도하라 무엇보다도 뜨겁게 서로 사랑할지니 사랑은 허다한 죄를 덮느니라

벧전 4:9-10 서로 대접하기를 원망 없이 하고 각각 은사를 받은 대로 하나님의 여러 가지 은혜를 맡은 선한 청지기같이 서로 봉사하라

벧전 4:11 만일 누가 말하려면 하나님의 말씀을 하는 것같이 하고 누가 봉사하려면 하나님의 공급하시는 힘으로 하는 것같이 하라 이는 범사에 예수 그리스도로 말미암아 하나님이 영광을 받으시게 하려 함이니 그에게 영광과 권능이 세세에 무궁하도록 있느니라 아멘

벧전 5:6 그러므로 하나님의 능하신 손 아래서 겸손하라 때가 되면 너희를 높이시리라

벧전 5:7 너희 염려를 다 주께 맡겨 버리라 이는 저가 너희를 권

고하심이니라

벧후 1:5-7 그러므로 너희가 더욱 힘써 너희 믿음에 덕을, 덕에 지식을, 지식에 절제를, 절제에 인내를, 인내에 경건을, 경건에 형제 우애를, 형제 우애에 사랑을 더하라

벧후 3:8 사랑하는 자들아 주께는 하루가 천 년 같고 천 년이 하루 같다는 이 한 가지를 잊지 말라

벧후 3:9 주의 약속은 어떤 이들이 더디다고 생각하는 것같이 더딘 것이 아니라 오직 주께서는 너희를 대하여 오래 참으사 아무도 멸망하지 아니하고 다 회개하기에 이르기를 원하시느니라

벧후 3:10 그러나 주의 날이 도적같이 오리니 그 날에는 하늘이 큰 소리로 떠나가고 물질이 뜨거운 불에 풀어지고 땅과 그 중에 있는 모든 일이 드러나리로다

벧후 3:18 오직 우리 주 곧 구주 예수 그리스도의 은혜와 그를 아는 지식에서 자라가라 영광이 이제와 영원한 날까지 그에게 있을지어다

요일 1:9 만일 우리가 우리 죄를 자백하면 그는 미쁘시고 의로우사 우리 죄를 사하시며 우리를 모든 불의에서 깨끗하게 하실 것이요

요일 1:10 만일 우리가 범죄하지 아니하였다 하면 하나님을 거짓말하는 이로 만드는 것이니 또한 그의 말씀이 우리 속에 있지 아니하니라

요일 2:14 청년들아 내가 너희에게 쓴 것은 너희가 강하고 하나님의 말씀이 너희 안에 거하시며 너희가 흉악한 자를 이기었음이라

요일 2:15 이 세상이나 세상에 있는 것들을 사랑하지 말라 누구든지 세상을 사랑하면 아버지의 사랑이 그 안에 있지 아니하니

요일 2:16 이는 세상에 있는 모든 것이 육신의 정욕과 안목의 정욕과 이생의 자랑이니 다 아버지께로부터 온 것이 아니요 세상으로부터 온 것이라

요일 2:17 이 세상도, 그 정욕도 지나가되 오직 하나님의 뜻을 행하는 자는 영원히 거하느니라

요일 3:3 주를 향하여 이 소망을 가진 자마다 그의 깨끗하심과 같이 자기를 깨끗하게 하느니라

요일 3:9 하나님께로서 난 자마다 죄를 짓지 아니하나니 이는 하나님의 씨가 그의 속에 거함이요 그도 범죄하지 못하는 것은 하나님께로부터 났음이라

요일 5:3 하나님을 사랑하는 것은 이것이니 우리가 그의 계명들을 지키는 것이라 그의 계명들은 무거운 것이 아니로다

요일 5:4 무릇 하나님께로서 난 자마다 세상을 이기느니라 세상을 이기는 승리는 이것이니 우리의 믿음이니라

요일 5:5 예수께서 하나님의 아들이심을 믿는 자가 아니면 세상을 이기는 자가 누구냐

요일 5:14 그를 향하여 우리가 가진 바 담대함이 이것이니 그의 뜻대로 무엇을 구하면 들으심이라

요일 5:18 하나님께로부터 난 자는 다 범죄하지 아니하는 줄을 우리가 아노라 하나님께로부터 나신 자가 그를 지키시매 악한 자가 그를 만지지도 못하느니라

요이 10-11 누구든지 이 교훈을 가지지 않고 너희에게 나아가거든 그를 집에 들이지도 말고 인사도 하지 말라 그에게 인사하는 자는 그 악한 일에 참여하는 자임이라

요삼 2 사랑하는 자여 네 영혼이 잘 됨같이 네가 범사에 잘 되고 강건하기를 내가 간구하노라

요삼 11 사랑하는 자여 악한 것을 본받지 말고 선한 것을 본받으라 선을 행하는 자는 하나님께 속하고 악을 행하는 자는 하나님을 뵈옵지 못하였느니라

유 20-21 사랑하는 자들아 너희는 너희의 지극히 거룩한 믿음 위에 자신을 세우며 성령으로 기도하며 하나님의 사랑 안에서 자신을 지키며 영생에 이르도록 우리 주 예수 그리스도의 긍휼을 기다리라

계 1:3 이 예언의 말씀을 읽는 자와 듣는 자와 그 가운데 기록한 것을 지키는 자는 복이 있나니 때가 가까움이라

계 2:10 네가 죽도록 충성하라 그리하면 내가 생명의 면류관을 네게 주리라

계 22:12 보라 내가 속히 오리니 내가 줄 상이 내게 있어 각 사람

에게 그가 행한 대로 갚아 주리라

계 22:17 성령과 신부가 말씀하시기를 오라 하시는도다 듣는 자도 오라 할 것이요 목마른 자도 올 것이요 또 원하는 자는 값없이 생명수를 받으라 하시더라

계 22:20-21 이것들을 증언하신 이가 이르시되 내가 진실로 속히 오리라 하시거늘 아멘 주 예수여 오시옵소서 주 예수의 은혜가 모든 자들에게 있을지어다 아멘

Chapter 2

신약성경 개요
(New Testament Outline)

제2장

신약성경 개요
(New Testament Outline)

I. 신약의 분류

1. 복음서

• 공관복음(마태, 마가 누가복음)과 요한복음(4권)

2. 역사서

• 사도행전(1권)

3. 서신서

1) 바울서신(13권) :

• 로마서, 고린도전서, 고린도후서(주요서신),

• 갈라디아서, 데살로니가전서, 데살로니가후서(초기서신),

• 에베소서, 빌립보서, 골로새서, 빌레몬서(옥중서신),
디모데전서, 디모데후서, 디도서(목회서신)

2) 저자불명서신(1권) : 히브리서

3) 공동서신(7권) : 야고보서, 베드로전서, 베드로후서, 요한 1서, 요한 2서, 요한 3서, 유다서

4) 예언서신(1권) : 요한계시록

* 공관복음(Synoptic Gospels) – 신약성경의 복음서들 중 마태, 마가, 누가복음은 예수님의 가르침에 대한 해설에 중점을 두어 기록한 요한복음과는 달리 사건의 순서, 문체, 예수님의 가르침에 대한 교훈에 있어서 유사한 부분이 많아 이 세복음서를 공관복음이라고 부르게 되어진 것이다. "공관"이라고 하는 것은 "함께 본다"는 의미의 헬라어에서 유래된 단어이다. 이 세복음서를 공관복음이라고 처음 지칭한 학자는 그리스바하(Griesbach, 1745-1812)였다. 따라서 세 복음서 사이의 차이점과 유사점들을 다루는 연구를 "공관복음서 문제"라고 말하고 있다.[1)]

* 공동서신(the Catholic or General Epistles): "보편적 혹은

---

1) **마가복음 우선설(Priority of Mark)**: 공관복음서(마태, 마가, 누가) 가운데 마가복음이 최초로 기록되었고, 마태와 누가에 의해 주자료로 사용되었다는 가설을 의미한다.
Q 자료 가설(Q Hypothesis): 마태와 누가는 예수님의 말씀에 관한 어떤 공통적인 자료를 사용하였고, 이 자료는 주로 마태복음과 누가복음에만 공통적으로 나오는 기사들 가운데서 발견할 수 있다는 가설이다. Q라는 용어는 독일어의 Quelle의 약자로 'source' (자료)라는 뜻이다.

일반적"이란 의미의 "공동"이라는 용어는 초대교회가 야고보서, 베드로전후서, 요한 1, 2, 3서 및 유다서에 붙인 것이다. 왜냐하면 [요한 2서와 3서를 제외하고] 이 서신들은 어느 특정한 교회나 개인에게 보내진 서신들과는 달리 전체교회에 보내진 회람형 서신이기 때문이다. 사실 요한 2서와 3서도 바울서신과는 구별되어지고, 더 나아가, 개인에게 보낸 서신일찌라도 궁극적으로는 모든 그리스도인들을 위한 것으로 보아 공동서신이라고 부른다고 해서 크게 문제될 것은 없을 것이다. 바울서신과 히브리서가 수신자의 이름을 따서 그 서신들의 제목을 정한 것과는 달리, 공동서신은 복음서처럼 저자의 이름을 본떠서 제목을 붙인 사실에 주목해야 한다. 이들 7편의 서신들에

---

2 자료설(Two-Source Hypothesis): 마가복음이 최초로 기록되었고, 마태와 누가는 최초로 기록된 마가복음과 Q자료를 사용하여 각자의 복음서를 기록했다는 가설을 의미한다.

4 자료설(Four-Source Hypothesis): 마태와 누가가 4개의 특수한 자료들을 사용하여 각자의 복음서를 기록했다는 가설을 의미한다. 즉, 마태는 자신의 원래 자료(M)와 Q자료와 마가복음을 참작하여 마태복음을 썼고, 누가는 누가 자신의 원래 수집한 자료(L)와 Q자료와 마가복음을 참작하여 누가복음을 기록했다는 가설로서 마태와 누가가 사용한 자료들이 모두 4종류(M자료. Q자료, L자료, 마가복음)이기 때문에 4자료설이라고 한다. 공관복음서 문제에 관한 상세한 정보는 로버트 스타인(Robert H. Stein), *The Synoptic Problem(공관복음서 문제)*, 김철 역, 도서출판 솔로몬, 1995와 도날드 거쓰리(Donald Guthrie), *New Testament Introduction(신약개론)*, 나용화, 박영호 역, 기독교문서선교회, 1988, pp. 129-194와 D. A. 카슨, 더글라스 J. 무, 레온 모리스, *신약개론*, 노진준 역, 은성, 1993, pp. 13-54를 참고하라.

대해 공동서신이라는 명칭을 최초로 사용한 사람은 교회역사가인 가이사랴의 유세비우스(Eusebius: 263-339)였다.

*바울서신의 순서는 길이의 순으로 되어있다. 분량이 가장 많은 로마서로부터 가장 짧은 데살로니가후서로 끝난다. 목회서신도 동일한 배열원리가 적용되고 있다.

*교회에 보낸 서신들 [롬(16), 고전(16), 고후(13), 갈(6), 엡(6), 빌(4), 골(4), 살전(5), 살후(3)] +개인에게 보낸 서신들 [딤전(6), 딤후(4), 딛(3), 몬(1)] + 저자 불명서신 [히] +공동서신 [약, 벧전, 벧후, 요일, 요이, 요삼, 유]

*공동서신의 배열순서는 연장자 혹은 리더십의 인정순서로 볼 수 있다. 갈라디아서 2장 9절에 "또 기둥같이 여기는 야고보와 게바[베드로]와 요한도 내게 주신 은혜를 알므로 나와 바나바에게 친교의 악수를 하였으니"라는 구절에서 보여주고 있는 리더십의 인정순서에 의해 배열되어 있다. 유다서의 저자 유다는 야고보의 동생이므로 가장 마지막에 위치하고 있다고 보여 진다.

*공동서신 중 요한서신의 배열은 요한일서(전체교회에 보낸 서신) + 요한이서(택하심을 입은 부녀와 그의 자녀들 즉 3명이상의 개인에게 보낸 서신) + 요한삼서(가이오 1명에게 보낸 서신)으로 되어 있다.

II. 신약의 각책들

1. 공관복음

1) 공관복음의 저작시기:

John Wenham(존 웬햄)은 "Redating Matthew, Mark & Luke(마태, 마가, 그리고 누가의 새연대설정)"이라는 자신의 책에서 베드로의 로마의 첫 방문이 주후 42-44년경이었고, 따라서 마가복음은 주후 45년경에 기록되어진 것으로 보아야 한다고 설명하면서,[2] 초대교회의 보편적인 전통은 마태복음을

---

2) 마가복음의 기록연대는 이에 대한 외증들이 일치하지 않고 있기 때문에 정확하게 말하기가 어렵다고 볼 수 있다. 왜냐하면 "이레니우스에 의하면 마가복음은 베드로 사후(64년)까지 기록되지 않았다. 파피우스도 이 이론을 전제하고 있다. 반면에 알렉산드리아의 클레멘트에 의하면 마가복음은 베드로가 생존해 있는 동안에 기록되었다고 한다. 그러나 '반 마르시온 서언' 에서도 마가복음은 베드로 사후에 기록된 것이라고 주장"하고 있기 때문이다(이종윤, 신약개론, 개혁주의 신행협회, 1989, pp. 263-264). '반 마르시온 파의 마가복음 서언(주후 160-180년)에서는 다음과 같이 기록하고 있다: "마가가 말씀을 선포했다. 그런데 그는 다른 신체와 비교해서 손가락이 매우 짧았으므로 몽당－손(Stump-fingered)이라는 별명으로 불리워졌다. 그는 베드로의 통역자였다. 베드로가 죽은 이후에 마가 자신은 이탈리아 지방에서 복음서를 기록했다"(W. W. Wessel, *The Expositor's Bible Commentary (마가복음)*, 기독지혜사, 1985, p. 690).
W. W. Wessel(웨셀)은 이레니우스의 언급과 '반 마르시온 파의 마가복음 서언'을 더 신빙성있는 것으로 보고 마가복음의 저작 시기를 베드로가 순교한 시기인 주후 64년에 기록되었거나 늦어도 예루살렘이 멸망한 년도인 주후 70년 이전에(마가가 유대전쟁[주후 66년-70년)에 관해서 전혀 언

첫 번째의 자리에 놓고 있다는 것과 주후 42년에 베드로가 옥에서 풀려나고 요한의 형제 야고보 사도가 헤롯 아그립바 1세의 칼에 순교한 후, 사도들이 여러 지역으로 흩어지기 이전에 기록된 것으로 보아야 하기에 마태복음은 주후 40년경에 기록된 것으로 보고 있다.[3] Michael Green(마이클 그린)도 "만약 고대 교부들이 마태복음의 저자에 대해 생각한 것이 옳다면, 아마도 이 복음서의 저작 시기는 주후 50년 이전일 것이다"라고 말하고 있다.[4]

급하고 있지 않고 있기에] 기록된 것으로 보고 있다(*The Expositor's Bible Commentary (마가복음)*, 기독지혜사, 1985, p. 692).
Robert H. Gundry는 "실제로 누가가 로마에서의 바울의 제판이 아직 알려지지 않았기 때문에 그 재판의 결과를 기록하지 않은 채 사도행전을 끝마쳤다면, 사도행전의 연대는 주후 63년 경임에 틀림없고, 그렇다면 그보다 앞서 쓰여진 자매편이라고 할 수 있는 누가복음은 그 연대가 사도행전보다 더 이른 시기일 것이고—만약 누가복음이 마가복음을 반영하고 있다면—필경 마가복음의 저작 연대는 40년대 말 내지는 늦어도 50년대 초가 되어야 한다"라고 설명하고 있다(*A Survey of the New Testament (신약개론)*, 김일우 역, 도서출판 엠마오, 1993, p. 147).

3) John Wenham, *Redating Matthew, Mark & Luke: A Fresh Assault on the Synoptic Problem*, (London: Hodder & Stoughton, 1991), pp. 223, 239, 243. D. A. Carson은 마태복음이 주후 60년대에 기록된 것으로 보고 있다(*The Expositor's Bible Commentary (마태복음)*, 기독지혜사, 1985, p. 51). Robert H. Gundry는 "만약 마태가 유대인들을 복음화하기 위해서 저술했다면 교회와 회당간의 불화가 심화되었던 주후 70년 이후보다는 유대인 개종의 전망이 밝았던 시기인 주후 70년 이전에 마태복음이 저술되었을 것 같다"라고 말하고 있다(*A Survey of the New Testament (신약개론)*, 김일우 역, 도서출판 엠마오, 1993, p. 155).

4) Michael Green, *The Message of Matthew (마태복음강해)*, 김장복 역, IVP, 2005, p. 41.

리용의 이레니우스(Irenaeus of Lyons, 주후 130-200)는 소아시아의 교회와 로마의 교회에까지 잘 알려진 인물로서 그가 쓴 Against Heresies의 첫 장에서 복음서에 대해 언급하고 있으며, 그것을 교회역사가 유세비우스가 Ecclesiastical History 5권에서 다음과 같이 인용하고 있다: "베드로와 바울이 로마에서 복음을 설교하고 그곳에서 교회를 세우고 있는 동안, 마태는 자기들의 언어(또는 dialect, 또는 style)를 쓰고 있는 히브리인들 가운데서 복음서를 기록해 냈다. 그들(바울과 베드로)이 죽은 후, 베드로의 제자요 통역관(interpreter)인 마가는 베드로가 설교한 것들을 기록으로 우리에게 전하여 주었다. 그리고 바울의 동역자였던 누가는 바울이 설교했던 복음을 책에 기록하였다. 그 후, 주님의 제자요 그의 품에 기대었던 요한은 아시아의 에베소에 머무는 동안 그의 복음서를 기록해 놓았

리용의 이레니우스(Irenaeus of Lyons, 주후 130-200)는 소아시아의 교회와 로마의 교회에까지 잘 알려진 인물로서 그가 쓴 Against Heresies의 첫 장에서 복음서에 대해 언급하고 있으며, 그것을 교회역사가 유세비우스가 Ecclesiastical History 5권에서 다음과 같이 인용하고 있다: "베드로와 바울이 로마에서 복음을 설교하고 그곳에서 교회를 세우고 있는 동안, 마태는 자기들의 언어(또는 dialect, 또는 style)를 쓰고 있는 히브리인들 가운데서 복음서를 기록해 냈다. 그들(바울과 베드로)이 죽은 후, 베드로의 제자요 통역관(interpreter)인 마가는 베드로가 설교한 것들을 기록으로 우리에게 전하여 주었다. 그리고 바울의 동역자였던 누가는 바울이 설교했던 복음을 책에 기록하였다. 그 후, 주님의 제자요 그의 품에 기대었던 요한은 아시아의 에베소에 머무는 동안 그의 복음서를 기록해 놓았다"(이종윤, *신약개론*, 개혁주의 신행협회, 1989, p. 184).

다"[5](이종윤, 신약개론, 개혁주의 신행협회, 1989, p. 184). 아우구스티누스(Augustinus)는 "마태가 맨 처음 기록되었다"고 주장한바 있다.[6] 유세비우스(Eusebius)의 "Chronicon"은 마태복음이 주후 41년에 출판되었다고 가장 자세히 언급하고 있다.[7]

존 웬햄은 "누가복음은 고린도후서의 저작시기인 56년 이전에 기록되어졌다"고 말하면서 주후 50년대 초기에 기록되어진 것으로 보고 있다.[8] 특히 누가는 그의 누가복음 1장 1절과 2절에서 "우리 중에 이루어진 사실에 대하여 처음부터 말씀의 목격자되고 일군된 자들의 전하여 준 그대로 내력을 저술하려고 붓을 든 사람이 많은지라"라는 언급 가운데서 두 종류의 사람들로부터 도움을 받았음을 밝히고 있다. 한 종류는 말씀의 목격자들(eyewitnesses of the word)이고 다른 한 종류는 말씀의 일군 즉 말씀의 사역자들(servants of the word)이다. 다시 말하면, 사도들과 그들의 조력자들인데, 마태복음은 전자의

---

5) 이종윤, *신약개론*, 개혁주의신행협회, 1989, p. 184.

6) Michael Green, op. cit., p. 61.

7) John Wenham, *Redating Matthew, Mark & Luke: A Fresh Assault on the Synoptic Problem*, (London: Hodder & Stoughton, 1991), p. 241.

8) Ibid., p. 238, 사도행전의 기록시기를 주후 63년경으로 본다면(사도행전 부분설명을 참조하라), 누가복음은 사도행전의 전편으로서 이보다 더욱 먼저 기록된 것으로 보아야 하므로 주후 50년대 후반이나 60년 초로 보아야만 할 것이다.

그룹에 해당되는 것이고, 마가복음은 후자의 그룹에 해당되는 것으로 볼 수 있다. 존 웬햄은 이 구절이 누가가 이미 마태복음과 마가복음을 알고 있었다는 것을 암시해 준다고 설명하고 있다.[9] 따라서 누가복음은 마태복음과 마가복음 다음에 기록된 것으로 보아야 한다는 것이다.

9) John Wenham, op. cit., p. 209,

2. 마태복음: 유대인의 왕으로서의 그리스도(유대인을 대상으로 기록된 복음서)

(1) 저작 장소:

"마태에 의해서만 독점적으로 기록된 예루살렘과 그 주변 지역에서 일어났던 사건들과 그 상황에 관한 여러 언급들(마 2:3, 16, 21:10, 27:3-8, 24, 25, 52, 53,62-66, 28:4, 11-15)은 그 저작 장소가 팔레스타인이었음을 뒷받침해주고 있다" [10)]

(2) 저작 목적:

유대인들을 예수 그리스도에게로 돌아오게 하려는데 있음.

(3) 다른 복음서들과의 관계:

마태복음은 유대적이며, 그리스도를 왕으로 묘사하고 있다. 마가복음은 로마적이며, 그리스도를 종으로 나타내고 있다. 누가복음은 헬라적이며, 그리스도를 완벽한 인간으로 제시하고 있다. 요한복음은 우주적이며, 그리스도를 영원하신 하나님으로 제시하고 있다.[11)]

---

10) 윌렴 헨드릭슨, *헨드릭슨 성경주석: 마태복음 (상)*, 김만풍 역, 아가페출판사, 1984, p. 156.

11) 예수 그리스도가 하나님이신 것을 나타내는 성경은 요 1:1의 "태초에 말씀이 계시니라 이 말씀이 하나님과 함께 계셨으니 이 말씀은 곧 하나님

어거스틴은 요한계시록 4장 7절에 기록되어 있는 4생물(사자, 송아지, 사람, 독수리)을 가지고 마태복음을 사자에, 마가복음을 사람에, 누가복음을 소에, 요한복음을 독수리에 비유하여 설명한바 있다.[12] 이와 같이, 사자는 유대 지파의 사자(계 5:5)로서 메시야의 칭호인데 마태복음은 예수 그리스도를 다윗의 자손 메시아로 묘사하고 있기 때문이고, 마가복음에서는 예수 그리스도의 가장 인간적인 모습을 묘사하고 있으며, 누가복음은 예수 그리스도를 세상의 죄를 위한 희생 제물로 묘사하고 있기에 소에 비유하고 있고, 독수리는 다른 어떤 새보다도 높이 나르며 태양을 직시할 수 있는 유일한 동물이기에 예수 그리스도의 신성을 강조하고 있는 요한복음을 상징하는 동물로서 묘사되고 있는 것이다.

(4) 저자:

가버나움의 세관에서 세리로 일했다가 예수님의 12제자 중 한 사람으로 부름을 받았던 마태가 기록하였다. 마태라는 이름은 마가복음 2:14과 누가복음 5:27, 29에서는 레위로 기록되어 있다.

이시니라"는 구절과 요 20:28의 "도마가 가로되 나의 주시며 나의 하나님이시니이다"라는 구절과 롬 9:5의 "저는 만물위에 계셔 세세에 찬양을 받으실 하나님이시니라 아멘"이라는 구절들이 있다.

12) 바클레이, *신약성서의 주요 메시지*, 신성종 역, 컨콜디아사, 1982, p. 15.

(5) 특징:

이 복음서에는 구약 인용이 130여개 가량 되는데, 예수님의 생애와 사역이 구약의 예언을 성취하신 것임을 두드러지게 강조하고 있다. 마태복음의 본래적인 기록목적은 구약성경의 모든 예언이 예수 그리스도 안에서 성취되었으므로 그가 바로 메시야라는 것을 드러내 보여주므로 유대인들에게 예수님이 메시야임을 믿고 받아들이게 하려는 것이었다.

예를 들면, 예수님의 탄생과 애굽으로 피하심(2:6, 14-15), 어린아이들을 학살함(2:16-18), 요셉의 나사렛 거주와 거기서 예수님이 자라나심(2:23), 예수께서 비유로 말씀하심(13:34,35), 승리의 입성(21:3-5), 은 삼십으로 팔리심(27:9), 예수께서 십자가에 못 박히신 후 그 옷을 제비뽑음(27:35) 등이 있다.

또한 이 복음서는 교회의 복음이라고 할 정도로 교회(에클레시아)라는 단어가 나타나고 있는 유일한 복음서로 이 단어가 3번(마 16:18, 18:17-18)나타나고 있다.

이 복음서의 특징에 대하여, 19세기 스코틀랜드의 개혁주의 신앙의 목회자 휴 마틴(Hugh Martin)은 마태복음에는 마 1:1에 "아브라함과 다윗의 자손 예수 그리스도의 계보라"라는 말씀에 나타난 그리스도의 계보, 즉 전기(Biography)의 측면과 마 28:20절의 "볼지어다, 내가 세상 끝날까지 너희와 항상 함께 있으리라"는 말씀에 나타난 그리스도의 임재(Presence)의 측면 2 가지가 결합되어 있음을 언급하였다. 그는 그리스도의 전기와 임재는 불가분의 관계를 가지고 있음을 설명하면서, 그리스도에 대한 전기는 불분명한 임재에 구체적인 행위와 언어를 제공해 주고, 그리스도의 임재는 전기에 현재적 실재와 생명을 부여해 준다는 상관관계를 가지고 있다는 것을 지적하였다. 즉 전기는 임재를 통해 살아 숨쉬고, 임재는 전기를 통해 구체적인 윤곽을 드러내게 된다는 것이다.[13)]

예수님의 전기는 그리스도에 대한 생생한 표현이지만 임재가 없다면 오래전에 나타났던 한낱 위대한 인물에 대한 회고록에 불과한 것이 되어지며, 과거의 죽은 역사로 남아 있을 수밖에 없게 되어지는 반면, 전기가 없는 임재는 불투명하고 구체적이지 못한 잘못된 오해, 잘못된 적용을 초래하는 결과를 가져오게 되어진다. 따라서 중요한 문제에 대하여 주관적 판단과 상상에 의해 잘못된 결론을 이끌어낼 가능성이 절대적으로 커지게 되어진다.

그리스도인과 함께 하시는 주님의 성품과 그 분의 정확한 특징과 그 분의 삶이 구체적으로 어떠했는지, 그 분이 어떤 말씀과 어떤 약속을 주셨는지에 대한 정보가 없이는 피상적인

---

13) Hugh Martin, *The Abiding Presence (그리스도의 임재)*, 황의무 역, 지평서원, 2010, p. 8.

이해와 맹신적인 감정에 사로잡힐 수밖에 없게 되어지는 것이다.

그러므로, 그리스도의 전기와 임재를 동시에 소유하게 되어지므로 잘못된 상상이나 왜곡된 감상주의에 사로잡히지 않게 되어졌고, 가장 정확하게 말씀하시고 가장 분명하고도 자비로운 행동으로 나를 치유해 주시고 나의 삶의 문제를 해결해 주시는 능력의 역사가 일어날 수 있게 되어진 것이다. 따라서 전기와 임재를 함께 소유하게 되어진 것은 그리스도인에게 가장 복된 일이며 진정한 행복을 누리는 것임을 가르쳐 주고 있다. 따라서, 복음서에 소개되고 있는 주님의 사역과 주님이 하신 말씀의 약속들은 그 분의 임재를 통하여 오늘 이 시대를 살아가는 그리스도인들에게도 동일하게 적용되어지고 효력을 발휘하는 생명력을 가지게 되어진다.

3. 마가복음: 종으로서의 그리스도(로마인을 대상으로 기록된 복음서)

(1) 저작 장소:

히에라폴리스(Hierapolis)의 감독 파피아스(Papias)는 주후 125년경에 기록하기를 "마가는 베드로의 통역자였으며 그 복음서를 저작하였다"라고 말하고 있으며,[14] 알렉산드리아의 클레멘트, 유세비우스 등에 의한 고대의 기록에서 마가복음이 로마에서 기록되었음을 증거하고 있다. 이 복음서에는 군대용어(레기온,[15] 막 5:9, 브라이도리온,[16] 막 15:16)나 법정용어(채찍질, 막 15:15), 화폐단위(데나리온, 막 12:15, 고드란트, 막 12:42)나 특정용어를 라틴어로 쓰거나 헬라어나 아람어로 다시 해석해 주고 있다(막 3:17, 5:41, 7:11, 34, 9:43, 10:46, 14:36, 15:22, 34). 고드란트나 브라이도리온이라는 용어는 유대인들이 사용하는 단어가 아니라 라틴 로마세계에서 사용하는 단어

14) Simon J. Kistemaker, *New Testament Commentary: Exposition of the Epistles of Peter and of the Epistle of Jude*, (Grand Rapids: Baker Book House, 1987), p. 209.

15) 일정한 규율과 질서 아래 조직 편제된 군인의 집단을 말한다. 우리 한글 개역성경에서는 "군대"(막 5:9, 15, 눅 8:30)라고 번역하고 있다.

16) 원래 "장군의 천막"이라는 의미였으나, 예루살렘에서 로마 총독이 거주하며 정치 업무를 수행하였던 곳 즉, 로마총독의 관정을 가리키는 단어이다(마 27:27, 막 15:16, 요 18:8, 19:9).

였고, 이 복음서에서는 유대인의 시간 계산법을 따르지 않고 로마인들의 시간 계산법을 따르고 있다(막 6:48, 13:35).

(2) 특징:

바나바의 조카 마가에 의해 기록된 것으로 사복음서들 중에서 가장 짧은 책이다. 요한 마가는 사도 베드로가 옥에서 풀려나 마가의 어머니 집으로 왔을 때 베드로와 처음 만나게 되었다. 베드로는 베드로전서에서 마가를 자기 아들이라고 언급하고 있다(벧전 5:13).

이 복음서는 예수님이 '인자' 라는 칭호를 14회나 즐겨 사용하고 있는데, 수난과 관련하여 9회, 재림과 관련하여 3회 사용되었다. 이 칭호는 예수님이 하나님의 뜻을 좇아 순종하여 수난을 받아야 하고(막 10:45), 죽어야 하며 다시 부활하실 것이라는 예수님 자신의 가르침에 적합한 것이었다. 또한 이 복음서에서는 예수님의 인성을 강조하는 표현들이 많이 사용되고 있다. 슬퍼하시고(막 7:34, 8:12), 이상히 여기시고(막 6:6), 불쌍히 여기시고(막 6:34), 사랑하시며(막 10:21), 노여워하실 뿐만 아니라(막 3:5, 10:14) 주무시고(막 4:38) 피곤하시며(막 6:31) 주리시는(막 11:12) 등 인간의 연약함을 지니신 분으로 묘사하고 있다. 이러한 표현들은 종의 사상의 근거로 마가복음을 "종의 복음" 이라 불리는 이유가 되기도 한다.

4. 누가복음: 인간으로서의 그리스도(헬라인을 대상으로 기록된 복음서)

(1) 저자:

성경 외에 누가에 대한 가장 오래된 기록을 담고 있는 고대 문서인 "Anti-Marcionite Prologue"는 주후 160년에서 180년 사이에 기록된 것인데 이 문서에서 다음과 같이 언급하고 있다:

"누가는 안디옥 출신의 시리아 사람이며, 직업은 의사이다. 그는 사도들의 한 제자였고, 후에 바울이 순교할 때까지 그와 동행하였다. 그는 아내없이, 자녀없이 일편단심 주님을 섬겼으며, 84세의 나이에 베오티아(Boeotia)에서 성령 충만한 가운데서 잠들었다. 이미 앞서 현존하는 복음서들이 있지만 -하나는 유대(Judea)에서 마태에 의해 기록된 것이고, 하나는 이태리(Italy)에서 마가에 의해 기록된 것임, [누가]는 성령에 감동되어 아가야 주변 지역에서 온전한 복음서를 저작하였다. 그것의 서문에서 그는 다른 것들[복음서들]은 그의 복음서 이전에 기록되었음을 분명히 하였으며, 신적 계획에 대한 정확한 설명이 이방인 신자들을 위해 진술되어져야함을 분명히 하였다. ... 후에 바로 그 누가가 역시 사도들의 행적들을 기록하였다."[17]

---

17) John Wenham, op. cit., pp. 184-185.

(2) 특징:

이 복음서는 찬양으로 시작하여 찬양으로 끝을 맺고 있는데(눅 1:47, 24:52), 마리아의 찬송(눅 1:46-55), 사가랴의 찬송(눅 1:68-79), 천사들의 찬양(눅 2:14), 시므온의 찬송(눅 2:29-32) 등이 포함되어 있다.

이 복음서는 성령에 대하여 자세히 설명해 주고 있다. 세례 요한은 모태로부터 성령충만함을 입었으며(눅 1:15), 그리스도의 탄생이 성령에 의해서 이루어졌으며(눅 1:35), 그리스도께서 세례 받으실 때에도 성령이 임했으며(눅 3:22), 광야에서 시험을 받으실 때에도 "성령 충만을 입어" 성령에 이끌리셨으며(눅 4:1), 성령의 권능으로 사역을 시작하였으며(눅 4:14), 지상에서 모든 사역을 감당하실 때에 언제나 성령 충만하셨고(눅 4:36), 성령으로 기뻐하셨다(눅 10:21). 제자들 역시 "위로부터 능력"을 입을 때까지 기다리라는 명령을 받았는데, 이는 오순절 성령 강림을 가리키는 것이었다(눅 24:49). 그리고 그리스도인들도 성령을 의지하여 살아가야 할 것을 자세히 설명해 주고 있다(눅 6:40, 11:13, 12:12, 24:49).

이 복음서에만 나오는 기사로는 선한 사마리아인의 비유(눅 10:25-37), 어리석은 부자의 이야기(눅 12:13-21), 잃어버린 동전의 비유(눅 15:8-10), 돌아온 탕자의 비유(눅 15:11-32), 부자와 나사로(눅 16:19-31), 바리새인과 세리의 이야기(눅 18:9-14)

가 있다.

누가복음은 복음서들 중에서 구원을 가장 많이 강조한다. 이 복음서에는 구원(소테리아)이란 단어가 7회(마태, 마가에서는 나오지 않음), 구주라는 단어가 2회(마태, 마가에는 나오지 않음), 구원하다(소조)라는 단어가 17회(마태에 14회, 마가에 13회 나옴) 사용되고 있다.

그리고 이 복음서에는 "기뻐하다" 혹은 "기쁨"이라는 단어가 25회로 신약성경 27권 중 가장 많이 나타나고 있으며(고후 20회, 빌 18회, 행 17회, 요 16회), "찬송하다" "찬양하다"라는 단어도 11회로 신약성경 27권 중 가장 많이 나타나고 있다(롬 5회, 막 4회, 계 4회). 따라서 구원의 기쁨과 찬양이 충만한 가운데(누가복음), 성령의 권능으로 복음을 전해야 한다(사도행전에서는 성령이라는 단어가 50회 이상 나타남)는 메시지를 의사 누가는 자신이 기록한 2권의 성경으로 강조하고 있다.

특히 누가는 소외된 자들, 즉 이방인과 사마리아인들과 이스라엘 내의 가난한 이들과 여인들을 소개하면서 구원이 모든 부류의 사람들을 포함하는 것임을 강조하고 있다. 이러한 구원의 보편성에 대한 강조는 누가복음의 저자와 독자가 이방인이기 때문일 것이다.

5. 요한복음: 하나님의 아들로서의 그리스도(전 세계를 대상으로 기록된 복음서)

(1) 저작시기 및 장소:

사도요한은 로마황제 트라얀 황제의 통치기간(주후 98-117)에도 생존하였다가 주후 100년경에 자연사한 것으로 알려지고 있다. 따라서 요한복음은 90년대에 기록된 것으로 보고 있다. 기록장소는 이레니우스와 유세비우스의 주장을 기초로 해서 사도 요한이 66-70년 전쟁 후 팔레스타인을 떠나 정착하였던 소아시아의 에베소에서 기록한 것으로 알려지고 있다.[18]

(2) 기록 목적:

요한복음에서는 "믿는다"는 단어가 98회로 가장 많이 나타나고 있다.[19] 그래서 사도 요한 자신은 요 20장 31절에서 "오직 이것을 기록함은 너희로 예수께서 하나님의 아들 그리스도이심을 믿게 하려 함이요, 또 너희로 믿고 그 이름을 힘입어 생

18) 리용의 감독이었던 이레니우스(Irenaeus of Lyons, 주후 130-200)는 "주님의 제자이며 또한 그의 가슴에 몸을 기대었던 제자인 요한이 소아시아 에베소에 머무르는 동안 본서를 펴냈다"라고 말한바 있다(Merrill C. Tenney, *The Expositor's Bible Commentary (요한복음)*, 기독지혜사, 1982, p. 36).

19) Merrill C. Tenney, *The Expositor's Bible Commentary (요한복음)*, 기독지혜사, 1982, p. 43.

명을 얻게 하려 함이니라" 고 요한복음의 기록목적이 단순히 예수 그리스도의 생애를 기록하는데 있는 것이 아니라 그리스도를 구주와 주님으로 믿고 영접하므로 영생을 얻게 하려는데 있다는 것을 분명히 밝히고 있다. 따라서 이 복음서에서는 하나님의 독생하시고 영원부터 선재하신 예수님의 신성을 강조하고 있다.

또 다른 기록 목적으로, 교회역사가 유세비우스는 요한이 공관복음서의 부족한 점을 보충하기 위하여 기록했다고 언급한 바 있는데,[20] 이것은 요한복음이 역사적 사실에 중점을 둔 공관복음과는 달리 예수님의 사역내용을 선별하여 신학적인 면에서 설명하고 있기 때문일 것이다.

(3) 주요 내용:

요한복음은 그리스도의 사역만큼이나 그리스도의 인격을 특별히 강조하고 있으며, 예수님께서는 일곱 차례 '나는 ... 이다' 라고 말씀하고 있다– ①나는 생명의 떡이다(요 6:35, 41, 48, 51) ②나는 세상의 빛이다(요 8:12, 9:5) ③나는 양의 문이다(요 10:7, 9) ④나는 선한 목자이다(요 10:11, 14) ⑤나는 부활이요 생명이다(요 11:25) ⑥나는 길이요 진리요 생명이다(요

---

20) 신성종, *신약총론*, 예수교 문서선교회, 1977, P. 123.

14:6) ⑦나는 참 포도나무이다(요 15:1, 5).

또한 요한복음은 그리스도께서 행하신 7가지 표적들을 소개해 주고 있다: 첫 4가지 기적들은 구원이 오는 방법에 대해 보여주고 있는 반면, 뒷 부분의 3가지 기적들은 구원의 결과를 보여주고 있다. ①물이 포도주가 됨(요 2:1-11): 말씀에 의한 구원 ②신하의 아들을 고침(요 4:46-54): 믿음에 의한 구원 ③38년된 병자를 고침(요 5:1-9): 은혜에 의한 구원 ④5000명을 먹임(요 6:1-14): 인간을 도구로 사용하심에 의한 구원 ⑤폭풍을 잠잠케하심(요 6:15-21): 구원은 평화를 가져옴 ⑥소경을 고침(요 9:1-7): 구원은 빛을 가져옴 ⑦나사로를 살림(요 11:38-45): 구원은 생명을 가져옴.[21)]

이 복음서의 주요 부분은 예수님이 하나님의 아들, 즉 메시야이심을 선포하는 7가지 기적들과 그러한 기적들의 의미를 설명하시고 선포하시는 예수님의 위대한 가르침을 담고 있다. 이 복음서의 독특한 표현은 "나는 …이다"라는 형식을 빌려 예수님께서 자기선언을 하신 것이다.

공관복음에서는 예수님께서 유월절을 지키시는 장면이 한 번만 소개되고 있지만, 요한복음에서는 세 번 나타나 있으며 이것이 예수님의 공생애를 3년으로 규정하는 결정적인 근거가

---

21) 워런 W. 위어스비, *핵심성경연구*, 나침판, 1985, p. 148.

되어졌다(요 2:23, 6:4, 12:1).

요한복음에서 예수님의 신성과 성령에 대한 인격적 묘사는 삼위일체 교리논쟁에 기여한 것으로 평가되고 있다(요 14:26, 15:26, 16:13). 알렉산드리아의 클레멘트(Clement of Alexandria)는 요한복음서를 "영적인 복음서"(the spiritual Gospel)라고 불렀다.[22)]

(4) 저자:

아버지 세베대와 어머니 살로매 사이에서 야고보의 동생으로 태어난(마 4:21) 사도요한이다. 살로매는 예수님의 어머니 마리아와 자매인 것으로 추측된다. 요한은 갈릴리 지방 어부 가정에서 출생하였으나 그의 아버지 세베대는 부자였고, 종들을 거느리고 있었다(막 1:16-20). 요한은 세례요한의 제자로 있다가 예수님의 제자가 된 사람이다(요 1:35-39). 그는 그의 형 야고보와 함께 보아너게(우뢰의 아들)[23)]이라는 별명을 얻

---

22) Raymond E. Brown, *Introduction to the Gospel of John (요한복음 개론)*, 최홍진 역, CLC, 2010, p. 58.

23) 보아너게는 아람어의 음역인데 신약성경에는 아람어를 그대로 음역하여 사용하고 있는 경우가 적지 않다. 예를 들면, 에바다(막 7:34－열리다), 아바(막 14:36－아버지), 랍비(막 9:5－나의 크신 분, 선생), 엘리 엘리 라마사박다니(막 15:34－나의 하나님, 나의 하나님 어찌하여 나를 버리시나이까?), 아멘(요 1:51, 5:19,24,25－진실로, 참으로, 확실히), 할렐루야(계 19:1,6－여호와를 찬양하라), 고르반(막 7:11－헌물), 아겔다마(행 1:19－피밭), 게바(요 1:42－반석, 바위), 랍오니(요 20:16－선생님:

을 만큼 성격이 급한 사람이었다(막 3:17, 눅 9:54). 그는 최후의 만찬 상에서 예수님의 품에 의지하여 누울 정도로 예수님의 총애를 받았던 제자 중 하나였으며(요 13:23), 예수님의 빈 무덤을 직접 목격한 사람이었다(요 20:2-10). 그는 다른 제자들이 다 도망갔지마는 십자가에 달리신 예수님의 발밑에 남아 예수님의 어머니 마리아를 돌보아 달라는 주님의 부탁을 받으면서 예수님의 마지막 모습을 지켜 본 제자였다(요 19:23-27).

그는 요한복음 외에 요한 1,2,3서를 기록하였고, 나중에 밧

랍비의 경칭), 달리다굼(막 5:41－소녀야 일어나라), 마라나타(고전 16:22, 계 22:20－우리 주께서 오신다), 호산나(마 21:9－지금 구원하소서), 라가(마 5:22－속이빈, 쓸모없는) 등을 들 수 있다.

아람어는 우르에서 아브라함이 사용했던 언어로서 유대인들이 포로생활에서 귀환한 후 아람어는 유대인들의 일상어가 되었다. 이 언어는 주전 300년경에서 주후 650년까지 수리아, 메소포타미아, 팔레스타인 등지의 일상회화에서 사용되었던 셈어이다.

예수님께서는 고향 나사렛에서 아람어를 모국어로 사용하시며 성장하셨을 가능성이 다분하다. 그러다가 말년에 이르러 헬라어를 익숙하게 말씀하시고, 또 히브리어를 읽으셨을 것이 틀림없다. 일반 사람들에게 가르치고 설교하실 때는 아람어로 하셨을 것이고, 유식한 서기관들과 논쟁하실 때는 아마도 히브리어를 사용하셨을 가능성이 많으며, 그리고 가끔 유대인 아닌 자들(예를 들면 로마 백부장과 수로보니게 여인)과 대화하실 때는 헬라어(그리이스 로마 사회의 그 당시 통용어였음)를 사용하셨을 것이다.

예수님의 십자가의 죄패가 히브리어(여기에 히브리어는 아람어를 의미함), 라틴어(공용어), 헬라어(그 당시 문화와 상업의 세계적 통용어)로 쓰여졌다(요19:20). 이것은 예수님의 왕권의 세계적 보편성(the universality of Jesus' kingship)을 나타낸다.

모 섬으로 유배를 가서 그 곳에서 요한 계시록을 기록한 뒤(계 1:1, 9), 다시 에베소에서 사역하다가 주님의 부르심을 받았다.[24)]

---

24) 리용의 감독이었던 이레니우스(Irenaeus of Lyons, 주후 130-200)에 의하면 사도 요한은 트라잔(Trajan)황제 재위기간(주후 98-117년)까지 에베소 교회에 머물러 있었다고 전하고 있다(David Jackman, *The Message of the John's Letters [요한서신 강해]*, 김일우 역, IVP, 2003, p. 13). 터툴리안(Tertullian)은 사도 요한의 죽음이 100세를 누린 다음 날(주후 106)이었다는 전설을 남기고 있으며, 후에 에베소 교회의 감독이었던 폴리크레이트(Polycrates)도 "주의 품에 의지했던 요한은 에베소에 묻혀 누워 있다"고 언급한바 있다 (이상근, *요한복음*, 대한예수교 장로회 총회 교육부, 1961, p. 15). 사도 요한은 극히 늙었을 때 에베소의 청년들이 그를 의자에 앉힌 채 강단에 올려 놓으면 "소자들아 너희는 서로 사랑하라"는 말을 늘 반복했다고 하는데, 제자들과 교부들이 "선생님, 왜 같은 말을 자꾸 반복하십니까?"라고 물었을 때, "이것이 우리 주님의 교훈이시다. 그리고 너희가 이것만 행하면 족하다"라고 답변하였다고 한다(이상근, *요한복음*, p. 15).

6. 사도행전: 영감된 초대교회 역사(선교와 교회성장의 교과서)

(1) 저작시기 및 장소:

사이먼 키스터메이커(Simon J. Kistemaker)는 누가가 기록한 누가복음과 사도행전에 주후 70년에 일어난 예루살렘 멸망에 대한 실제적인 언급이 없기 때문에 이 두 권의 성경이 주후 70년 이전에 기록된 것으로 보아야 한다고 지적하면서,[25] 사도행전의 기록은 바울이 사도행전 28장 30절에서 2년 동안 로마에 거주하면서 복음을 전한 것으로 대단원의 막을 내리고 있기 때문에 사도행전의 기록시기를 바울의 로마 거주 마지막해인 주후 62년에서 로마에 대화재사건이 발생하여 네로황제의 박해가 시작된 주후 64년 7월 19일 이전에 기록된 것으로 보아야 한다고 언급하고 있다.[26] 따라서 저작 시기를 주후 63년경으로 볼 수 있을 것이다. 저작 장소로 어떤 학자들은 아가야, 다른 학자들은 로마로 보고 있다.[27]

본 역사서의 저자에 대하여, 신성종은 그의 책 "사도행전 강

---

25) Simon J. Kistemaker, *New Testament Commentary: Exposition of the Acts of the Apostles*, (Grand Rapids: Baker Book House, 1990), p. 24.

26) Ibid., pp. 21-24.

27) Ibid., p. 24.

해" 에서 다음과 같이 언급한다: "누가는 이방인이었으며 할례를 받지 않았다(골 4:10-14). 그의 이름은 Loukas인데 끝에 'as' 가 붙은 것은 특별히 노예들 사이에 흔히 있는 일이다. 당시 헬라와 로마의 통치자들은 노예를 의사로 교육시켜서 그들의 봉사의 대가로 그 후에 자유를 주었다고 한다(D. Hayes, 「지금까지 기록된 가장 아름다운 책」, 1913, p. 46). 따라서 누가는 데오빌로의 노예요 의사로 있다가 그가 중병에 걸렸을 때 살려준 대가로 자유를 얻게 되고 마침내 기독교인이 된 후 성경(누가복음과 사도행전)을 기록하고는 그것을 과거의 은인인 데오빌로에게 보냈다는 전설은 어느 정도 신빙성을 가진다."[28]

(2) 주요내용:

사도행전은 예수 그리스도의 복음이 사도들과 초대교회 그리스도인들을 통하여 예루살렘(행 1:1-7:60)에서 시작하여 유대와 사마리아(행 8:1-12:25)를 거쳐 이방세계인 땅 끝(로마)까지(행 13:1-28:31) 전파되어진 역사를 기록하고 있는 선교행전이다. 또한 이 성경에서는 성령께서 복음 선교의 모든 과정을 주도해 나가시는 것을 구체적으로 보여주고 있기에 성령행전이라고도 불리워지고 있으며, 성령에 대한 언급이 50회 이상

---

28) 신성종, *사도행전 강해*, 엠마오, 1985, p. 12.

나타나고 있다.

(3) 특징:

신약성경 중 유일한 역사서로 복음서와 서신서를 연결시켜 주는 교량역할을 하고 있다. 신구약 성경 66권 중에 유일하게 이방인이 기록한 성경이며, 누가복음의 속편으로 데오빌로[29)]

---

29) 데오빌로(Theophilus, Θεόφιλος)는 "하나님에 의해 사랑을 받은(loved by God)" 혹은 "하나님을 사랑하는 자(lover of God)"라는 의미를 가진 이름이다.
Wiersbe는 데오빌로는 중요한 로마의 관리였을 가능성이 많으며 아마 그는 그리스도인이었든지 적어도 기독교 신앙을 주의깊게 공부하던 구도자였던 것으로 보고 있다(Warren W. Wiersbe, *Be Dynamic*, (Wheaton, Ill.: Victor Books, 1987), p. 11).
F. F. Bruce는 "데오빌로라는 사람을 누가가 기독교에 대한 지금까지의 생각에서 더욱 더 편견을 버리고 우호적인 태도를 갖도록 설득시키고자 원했던 로마의 중류 지식층에 속했던 대표적인 한 사람으로 보는 것이 훨씬 타당한 듯 하다"라고 말한다(*사도행전 [상]* 이용복, 장동민 역, 아가페 출판사, 1986, p.44).
W. Denton은 "이탈리아의 전설에 의하면 데오빌로는 이탈리아에 사는 로마인이었음에 틀림없다. 왜냐하면 누가는 이탈리아인에게는 거의 알려지지 않은 국가들의 지형과 팔레스타인의 관습들에 대하여는 주의 깊게 설명하면서도 이탈리아 지방들에 대해서는 상술한 필요가 있는데도 대략적으로 언급하고 있기 때문이다"라고 말한다(*강해설교연구대계* 11권, p. 17).
R. C. H. Lenski는 누가복음 초두에 나타나고 있는 각하(κράτιστος)라는 단어가 사도행전에서는 삭제되어 있는 것은 데오빌로에게 흥미적 신앙에서 행동적 신앙으로 진보가 있었기 때문으로 설명하고 있다. 즉 복음서를 받을 때는 기독신자가 아니었으나 사도행전에서 데오빌로는 기독신자가 되었기 때문에 "각하"란 위치에 더 이상 있지 않는다고 말한다(*사도행전 [상]* 배영철 역, 백합출판사, 1974, pp. 11, 20).

에게 전달되어진 것이다.

누가복음이 주님이 육체로 이 세상에 계실 동안에 행하신 지상사역을 기록해 놓은 것이라면, 사도행전은 이 주님이 승천하셔서 그의 영적인 몸인 교회를 통하여 천상에서 행하시는 사역을 기록해 놓은 것이다.

7. 로마서: 복음을 가장 순수하게 설명하고 있는 서신(하나님의 의의 복음)

종교개혁자 마틴 루터(Martin Luther)는 "이 서신은 진실로 신약에서 가장 중요한 문헌으로서 복음을 가장 순수하게 표현하고 있는 책이다"라고 그의 로마서 주석 서문에서 언급한바 있으며,[30] 존 칼빈(John Calvin)은 본 서신의 가치와 중요성에 대하여 말하기를 "만일 우리가 이 서신을 진정으로 이해한다면 우리는 성경의 가장 심오한 보고로 들어가는 문을 열게 된다"고 말하였고,[31] 영국의 시인 사무엘 테일러 콜레릿지(Samuel Taylor Coleridge)는 로마서를 "지상에서 가장 심오한 책"이라고 말한바 있다.[32]

(1) 기록시기 및 장소:

사도 바울의 제 3차 전도여행이 끝나갈 무렵에 로마를 다음 목적지로 계획하고(행 19:21, 20:16), 예루살렘으로 갈 준비를 하면서 쓴 것으로 볼 때 주후 57년경으로 보는 것이 일반적이

---

30) Martin Luther, *루터의 로마서 주석*, 박문제 역, 크리스챤 다이제스트, 2001, p. 15.

31) John Calvin, *신약성서주해 7권*, 성서교재간행사, 1979, p. 26.

32) James Montgomery Boice, *Romans (로마서)*, Vol. 1, 김덕천 역, 도서출판 줄과추, 1997, p. 19.

다. 기록 장소는 고린도가 가장 유력하다.

(2) 기록 목적:

사도 바울의 선교사역의 마지막 행선지였던 스바나(스페인)로 가기 전에 로마교회 성도들의 믿음을 강하게 하고 복음을 분명하게 이해하게 하므로 로마교회의 선교적인 후원과 지원을 이끌어내기 위한 것이었다.

(3) 특징:

바울의 서신서들 가운데 가장 길면서도 핵심적인 신학과 교리를 설명해주고 있는 책으로 로마서의 핵심주제는 "하나님의 의"(롬 1:16-17)이다. 이 핵심주제를 언급하고 있는 1장 16-17절은 로마서 전체의 메시지를 요약해 주고 있는데 그 중요한 의미는 다음과 같다:

1) "복음"은 하나님이 예수 그리스도로 말미암아 세상을 자기와 화목하게 하신 것으로 성부 하나님과 성자 예수님과 성령 하나님이 참여하여 이루신 전능하신 행위이다(롬 1:2-4).

2) "구원"이란 죄로부터의 구원과 하나님과의 교통의 회복과 멸망에서 건짐을 받아 영원한 생명을 얻는 것을 뜻한다.

3) "하나님의 의"란 하나님의 인격의 속성으로서의 의를 의미하는 것이 아니라 하나님께서 친히 준비하시고 예수 그리스

도로 말미암아 성취되어진 것으로 하나님께로부터 온 의를 의미한다. 따라서 이 "하나님의 의"는 예수님의 삶과 죽음과 부활을 통해 인간과의 관계를 회복시키시는 하나님의 행위로서 하나님의 언약 백성에 대한 언약적인 신실함(covenant faithfulness)을 의미하고 있다.

4) "믿음으로 믿음에 이르게 하나니"라는 말씀에 대한 해석은 다양하다: ①구약의 믿음에서 신약의 믿음으로(Chrysostom) ②약한 믿음에서 강한 믿음으로(John Calvin) ③믿음으로 말미암는 하나님의 의가 그리스도인의 믿음에 나타내진다(D. Martyn Lloyd-Jones) ④하나님의 신실하심에서 인간의 믿음으로(Karl Barth) ⑤오직 믿음으로[처음부터 끝까지 믿음으로](Hodge, Hendriksen, Harrison, Ridderbos, Cranfield, Douglas J. Moo):Sola Fide(믿음으로만) 등으로 설명되어지고 있는데 ⑤의 견해를 취하는 성경학자들이 다수이다. 주경신학자 윌리엄 헨드릭슨(William Hendricksen)은 이 구절에 대하여 "믿음의 선물뿐 아니라 믿음을 행사하는 능력까지도 하나님께로부터 온다는 것을 우리는 명심해야 한다"라고 설명하고 있다.[33] 롬 1:17은 믿음만이 하나님의 의가 주어지는 통로인 것을 가르쳐 주고 있다.

---

33) William Hendricksen, *로마서 (상)*, 아가페 출판사, 1983, p. 90.

5) “오직 의인은 믿음으로 살리라”는 말씀은 “믿음에 의해서 의롭게 되어진 자가 살 것이다”라고 직역되어질 수도 있다. 다시 말하면, 믿음을 통해서 의롭다함을 입은 인간만이 이 믿음을 통해 은혜와 영광과 영생의 삶을 살아갈 수 있을 것이라는 뜻이다.

로마서는 심판(1:18-3:20), 칭의(3:21-5:21), 성화(6장-8장), 양자됨(8:15), 그리스도와의 동일시(8:29) 등의 교리적인 진리를 제시하고 있다.

8. 고린도전서: 새로 설립된 개척교회의 내적 문제들에 대한 해결책을 제시하고 있는 서신

(1) 기록 시기 및 장소:

고린도 교회는 바울이 2차 전도여행시(주후 50년-52년), 고린도에 1년 6개월 머물면서 설립한 교회로서 사도 바울이 3차 전도여행 중에 에베소에 3년간 체류할 당시 주후 55년경에 기록한 것으로 보고 있으며(고전 16:8, 19), 본 서신은 디모데가 전달한 것으로 보고 있다(고전 4:17, 16:10).[34)]

(2) 특징 및 주제:

본 서신은 신약의 다른 어떤 서신들보다도 새로 설립된 개척교회의 내적 문제들에 대하여 매우 통찰력있게 영적인 원리를 적용하므로 해결책을 제시해 주고 있는 서신이다. 따라서 본 서신은 모든 세대의 교회들에 대한 교훈과 적용을 가능하게 하는 실제적인 진리를 담고 있다.

또한 본 서신은 바울의 다른 서신들과는 달리 교리부분과 적용부분이 분명하게 구분되어 있지 않고 있는데, 이것은 고린도교회가 직면한 여러 가지 문제들에 대한 답변으로 주어진

---

34) Merrill C. Tenney, *New Testament Survey (신약개론)*, 서울서적, 1985, p. 342.

서신이었기 때문이다. 고린도 교회의 근본 문제는 분쟁과 파당(1:10-12, 3:3, 11:18-19)으로 요약할 수 있다.

따라서 본 서신의 주제는 그리스도의 몸 즉 교회 안에서 이루어져야 할 연합이다(12:13). 이 연합을 위해서는 교만과 자랑을 버리고(12:21-30, 13:4), 진리 안에서 사랑의 정신으로 연합할 때 교회의 머리되신 예수님께서 사용하실 수 있는 거룩하고도 온전한 몸을 이룰 수 있음을 깨우쳐 주고 있다(12:1-11, 13:1-13).

그러므로 본 서신은 영적 은사들을 다루는 12장과 14장의 중간에 "사랑에 대한 찬가(讚歌)"라고 불리워지고 있는 13장에서 사랑의 특징을 설명해 주고 있다. 바울은 12장 31절에서 "너희는 더욱 큰 은사를 사모하라 내가 또한 제일 좋은 길을 너희에게 보이리라"고 언급하면서 사랑 장을 시작하고 있다. 여기에 "더욱 큰 은사를 사모하라"는 것은 은사목록의 상위권에 있는 것들을 사모하라는 것이 아니다. 교회란 부름받은 여러 지체들로 구성된 공동체인데 여기서는 다른 사람들이 알아듣도록 하는 것이 매우 중요하기 때문에 공동체 안에서는 뜻을 알 수 있도록 하는 모든 은사들(the intelligible gifts)이 방언 은사보다 더욱 큰 은사로서 이러한 은사들을 사모하라는 것이다.[35)]

---

35) 황창기, 사랑이 최고의 은사인가? *진리와 학문의 세계*, 제 1권(창간호), 달구벌기독학술연구회, 1999, p. 74.

바울은 이 언급 직후에 12장 31절 하반 절에서 "내가 또한 제일 좋은 길을 너희에게 보이리라"고 말함으로 사랑을 "제일 좋은 길(the most excellent way)"로 표현하고 있다. 즉, 사랑은 모든 은사들이 그 기능을 제대로 하기 위한 적절한 틀(the proper framework)[36)]과 그 은사들을 시행하는 제일 좋은 길(통로)임을 언급하므로 사랑이 은사가 아니라 성령의 가장 중요한 열매임을 말해 주고 있다(갈 5:22-23). 이와 같이, 13장의 사랑 장은 고린도 교회가 직면하고 있는 전체문제들 즉 분쟁과 파당을 해결하는 근본적인 처방으로서 본 서신에서 중심 역할을 하고 있다(4:21, 8:1, 12:31-14:1, 16:14). 로마서가 믿음을 강조하고 있는 것처럼, 본 서신은 사랑을 강조하고 있다.

(3) 내용: 본 서신은 다음 12가지 문제들을 다루고 있다. ①당파의 문제(1:10, 11, 3:3-15) ②지적인 자만의 문제(1:17, 20-25, 2:1-5, 10-16, 3:18-23) ③부도덕의 문제(5장) ④법적 소송의 문제(6:1-8) ⑤도덕폐기론의 문제(6:9-20) ⑥혼인의 문제(7장) ⑦우상의 제물에 관한 문제(8장-10장) ⑧교회내의 여자문제(11:1-16, 14) ⑨성찬의 문제(11:17-34) ⑩영적 은사에 관한 문제(12장-14장) ⑪몸의 부활에 관한 문제(15장) ⑫헌금에 관한 문제(16:1-4).

---

36) Gorden D. Fee, *The First Epistle to the Corinthians*, (Grand Rapids: Eerdmans, 1987), p. 625.

9. 고린도후서: 사도바울의 자서전

(1) 저작시기 및 장소:

존 웬햄(John Wenham)은 고린도전서가 기록된지 2년 후에 마게도니아에서 주후 56년에 기록된 것으로 보고 있다.[37] 본 서신 가운데서 기록할 당시에 바울이 마게도니아에 있었음을 암시해 주고 있다(7:5, 8:1, 9:2-4).

(2) 특징:

신약 성경 중에서 가장 인간적인 서신으로 루이스 벌콥(L. Berkhof)는 "고린도후서는 빌레몬서를 제외한다면 바울의 모든 편지들 중에서 가장 개인적이고 가장 덜 교리적인 편지이다"라고 말하고 있다.[38] 따라서 본 서신은 다른 어떤 서신들보다도 목회사역에 대한 바울 자신의 생각을 더 깊이 묘사하고 있으며 바울 개인의 경험과 견해가 포함되어 있는 자서전이라고 말을 할 수 있을 것이다.

---

37) John Wenham, op. cit., p. 231,

38) L. Berkhof, *New Testament Introduction*, (Grand Rapids: Eerdmans, 1915), p. 168.

(3) 저작의 배경:

바울이 에베소에서 고린도전서를 기록한 후에 디도를 보내어 이 교회의 상태를 알아보게 하였다. 그후 에베소에서 폭동이 발생한 이후(행 19:23 이하), 바울은 에베소를 떠나 드로아를 거쳐 마게도니아로 가서 그 곳에서 디도를 만나 고린도교회의 소식을 듣게 되었다. 고린도 교인들이 바울의 편지를 받고 회개하고 바울을 간절히 사모한다는 기쁜 소식(고후 7:7)과 함께 바울에 대한 고린도 교인들의 신뢰와 사랑을 무너뜨리려고 하는 거짓교사들이 있다고 하는 실망스러운 소식과 예루살렘 교회의 가난한 교인들을 위한 연보를 모으는 문제에 있어서 여전히 많은 진전이 없음을 듣게 되었다(고후 11:13-15, 8장-9장). 그래서 바울은 자신에 대한 오해를 해소시키고, 자신의 사도권과 전파한 복음의 정당성을 변호하고, 예루살렘 교회의 구제를 위한 연보의 중요성을 강조하고, 더 나아가, 바울 자신의 3차 방문을 준비하게 하기 위하여 본 서신을 기록하게 되어진 것이다. 본 서신은 디도를 통해 보낸 것으로 보인다(고후 8:6-7, 16-22).

(4) 내용 및 주제:

사도 바울 자신의 사도적 사역과 사도적 권위에 대하여 설명을 통하여 자신에 대한 오해와 거짓 교사들의 공격에 대하여 변호를 하므로 완전한 화해와 일치를 호소하고 있다. 1장에서 7장까지는 사도적 사역에 대한 설명이며, 8장과 9장은 예루살렘의 성도들을 위하여 약속한 연보를 완수하도록 권면하고 있으며, 10장에서 13장까지는 바울 자신의 사도적 권위를 변호하고 있다.

본 서신은 그리스도인이 당하는 고난과 그리스도인 자신의 연약함이 하나님의 은혜와 능력이 역사할 수 있는 환경과 통로가 되어진다는 사실을 강조해 주고 있다. 바울이 아시아에서 당한 고난은 풍성한 위로와 믿음의 강화를 가져왔으며(1:5, 9-10), 바울 자신의 육체의 가시를 인한 연약함을 통하여 하나님의 능력이 온전히 드러나게 되어졌음을 고백하므로 인간의 연약함이 하나님의 능력을 드러낼 수 있는 가장 좋은 기회가 되어진다는 사실을 증거해 주고 있다(12:7-10). 또한 마게도냐 교회들이 많은 환난과 극한 가난 가운데서도 더욱 풍성한 연보를 넘치게 드릴 수 있었던 것은 하나님의 풍성한 은혜의 결과가 얼마나 놀라운 것인지를 나타내 보여준 사건이었음을 언급하고 있다(8:1-7). 따라서 본 서신은 여러 가지 환경에 처한 그리스도인들의 일상적인 경험 가운데서 역사하는 하나님의 은혜와 능력의 승리를 보여주고 있다. 본 서신의 주제는 약함을 통한 강함이다.

따라서 사도 바울은 인간의 약점은 하나님의 능력이 접안할 수 있는 선착장이 될 수 있음을 보여주고 있다. 폴 바네트(Paul Barnett)는 "이 서신서는 하나님의 능력이 사람의 강함 가운데서가 아니라 약함 가운데서 주어진다는 장엄한 신학적 메시지 때문에 중요하다"라고 말하고 있다.[39)]

39) Paul Barnett, *The Message of 2 Corinthians (고린도후서 강해)*, BST 시리즈, 정옥배 역, IVP, 2002, p. 12.

10. 갈라디아서: 소(小) 로마서

(1) 저작 시기 및 장소:

본 서신이 사도행전 15장에 기록된 예루살렘 공회(주후 49년)가 있은 후에 기록되었다고 본다면, 주후 52년경에 에베소에서 기록되었을 것으로 보고 있다.[40)]

(2) 저작 배경:

바울이 바나바와 함께 남쪽 갈라디아 지역의 선교여행을 성공적으로 마친 후(갈 4:13-15)에 주의 형제 야고보가 보냈다고 주장하는 몇 몇 유대교 교사들이 예루살렘으로부터 와서 이방인들도 유대인의 관습 즉 할례나 모세의 율법을 받아들이도록 주장하고 있다는 것을 알게 되었다. 이들은 사도 바울의 사도권을 부정하고(갈 1:1) 바울이 전하는 복음은 진정한 복음이 아니라고 가르치고 있다는 소식을 듣고서 이들의 잘못된 가르침을 책망하고 예수 그리스도의 십자가의 구속의 복음을 바로 설명하면서 갈라디아 교회들을 올바른 복음 진리위에 세우고자 하는 간절한 마음으로 기록하여 보낸 것이 본 서신이다.

---

40) James Montgomery Boice, *The Expositor's Bible Commentary (갈라디아서)*, 기독지혜사, 1982, p. 579.

본 서신의 수신교회인 "갈라디아 여러 교회들" (1:2)은 소아시아의 남쪽 지역에 위치하고 있는 더베, 루스드라, 이고니온, 비시디아 안디옥에 있는 교회들로 보고 있다.[41)]

(3) 본 서신의 내용:

본 서신은 오직 예수 그리스도 안에 있는 하나님의 은혜를 통해서만이 인간은 죄와 율법의 멍에에서 벗어나 마음과 영의 진정한 자유를 누리는 새로운 삶을 영위할 수 있다고 강조하고 있기에 "기독교 자유의 대헌장(Magna Carta of Christian Liberty)" 라고 불리워지고 있다. 즉 "예수 그리스도를 믿는 믿음을 통해 나타나는 하나님의 은혜로 말미암은 구원" 이 본 서신의 주제가 되어진다.

1장과 2장은 변론편(이신득의에 대한 변호)으로 사도 바울의 사도권과 복음에 대한 변증을 다루고 있으며, 3장과 4장은 교리편(이신득의에 대한 설명)으로 복음과 율법의 관계를 설

---

41) 본 서신의 수신교회들이 위치한 지역에 대하여 소아시아 북쪽에 위치한 고대 갈라디아 왕국지역이라는 북갈라디아설과 초대교회당시 로마의 행정구역상의 지역인 소아시아 남쪽지방을 가리키는 것으로 보는 남갈라디아설로 나누어지고 있다. 남갈라디아설은 19세기에 이르러 고고학자 람제이(W. M. Ramsay)의 소아시아 지역 현지 탐사이후에 강력히 지지되어져서 오늘날에 와서 유력한 학설이 되어졌다. 보다 상세한 논의는 리차드 N. 롱에네커(Richard N. Longenecker)의 *Galatians*, Word Biblical Commentary, Vol. 41, (Dallas, Texas: Word Books, Publisher, 1990), pp. lxi-lxx를 참고하라.

명하면서 믿음을 통한 은혜로서만의 구원임을 증거하고 있으며, 5장과 6장은 실천편(이신득의의 적용)으로 믿음으로 구원받은 자의 삶에 대한 권면을 다루고 있다.

본 서신의 주요 교리적 내용은 ①그리스도인은 율법에 의해서가 아니라 성령에 의해서 믿음으로 되어진다(3:1-5). ②아브라함이 받았던 축복은 믿음으로 말미암은 것이지 율법으로 말미암은 것이 아니며 또한 율법은 언약보다 늦게 주어진 것이므로 언약을 폐하지 못한다(3:6-9, 15-18). ③율법의 기능은 인간으로 하여금 죄를 깨닫게 하며 그 누구도 율법을 온전히 지킬 수 없기 때문에 인간으로 하여금 저주아래 있게 하지만, 그리스도는 우리를 위하여 저주를 받으심으로 우리의 저주를 제거해 주셨다(3:10-14). ④율법의 목적은 구원이 아니라 그리스도에게로 나아가는 길을 예비하므로 믿음으로 구원의 자리에 이르게 하는 것이다(3:19-22). ⑤그리스도에 대한 믿음은 하나님의 양자가 되게 하며, 율법에서 해방되어 그리스도 안에서 참 자유함을 얻게 하며, 유업을 이을 자가 되게 한다(3:23-4:7, 21-31). ⑥ 그리스도인이 믿음으로 얻게 되어진 자유는 육체의 방종에 이르는 자유가 아니라 절제의 자유이며(5:13), 이웃을 섬기는 자유이며(5:13, 15), 사랑으로 율법을 완성하는 자유(5:14)이다. 이러한 자유를 누리는 삶은 성령을 좇아 행할 때에 이루어질 수 있다(5:16). ⑦육체의 소욕을 따라

행하는 자는 육체[42)]의 열매를 맺게 되고 하나님의 나라를 유업으로 받지 못한다(5:19-21). ⑧성령을 좇아 행할 때[43)] 육체의

---

42) 본 서신에서 바울은 "육체"를 인간이 자연적으로 타고난 타락한 상태에 있는 본성이라고 정의하고 있다. John Stott, *Only One Way: The Message of Galatians (갈라디아서 강해)*, 문인현, 김경신 역, 아가페 출판사, 1977, p. 183. 육체의 열매(5:19-21) 15 가지는 다음과 같다. (1) 성적인 죄(3가지: 음행－모든 종류의 불법적인 성행위, 더러운 것-비정상적인 성범죄, 호색－통제되지 아니한 성적 탐닉 혹은 억제할 수 없는 육욕으로 드러내 놓고 거리낌없이 자행하는 범죄) (2) 종교적인 죄(2가지: 우상숭배－창조주가 아닌 피조물을 숭배하는 행위, 주술-악령의 권세에 대한 '은밀한 결탁을 의미하는 것 혹은 기분이나 마음을 바꾸기 위해 해악을 끼치는 약물을 사용하는 것) (3) 대인관계에서 범하는 사회적인 죄(8가지: 원수 맺는 것-집단 또는 개인 사이에 발생하는 증오하는 자세, 분쟁-원수를 맺는 것의 결과로 주어지는 심각한 갈등과 다툼, 시기-타인에게 속한 것을 탐하는 것으로 야기되는 맹렬한 질투, 분냄-다른 사람들에 대한 통제되지 않는 적개심의 표현, 당 짓는 것-진리에 반대하여 파당을 만드는 것, 분열함-당 짓는 행동에 따른 결과 자신이 속한 집단의 이익만을 위하는 집단 이기심으로 권모술수와 모략을 자행하는 것, 이단-다른 사람들과 스스로를 분리시켜 그들 자신의 교리나 견해를 맹종하는 것, 투기－타인을 향한 맹렬한 시기심을 행동으로 드러내어 상대방을 해치는 것) (4) 음주의 죄(2가지: 술취함－정도를 넘어서는 지나친 음주, 방탕함-술에 취해 마구 떠들고 무절제하게 행동하는 것)

43) 갈 5장 16절의 "내가 이르노니 너희는 성령을 따라 행하라"는 말씀의 의미가 무엇인가? "너희는 성령 안에서 혹은 성령에 의해 계속해서 걸어 다녀라"고 직역할 수 있으며 이는 그리스인의 삶은 성령의 인도를 받으며, 성령께 집중하며, 성령을 모시고, 성령 안에서 생활하는 삶인 것을 가르쳐 주고 있다. 이렇게 될 때 그리스도인은 타락한 인간의 성품의 지배를 받지 않고 복음에 합당한 승리의 삶을 살아가게 되어진다는 것이다.
"성령으로 행한다는 것은 그리스도의 영광스러운 형상을 본받기 위하여 자신을 온전히 그의 다스림 아래 복종시키는 것을 의미한다. 그러나 그것은 단회적인 것으로 끝나서는 안 되고 중단없이 계속되어져야 한다.

소욕에 사로잡히지 않고 성령의 9가지 열매를 맺게 되어진다(5:16-18, 22-23).[44] ⑨그리스도인의 삶은 그리스도와 함께 십자가에 못박힌 자의 삶이며, 주님이 내 안에 사시는 삶이며, 주님을 믿는 믿음 안에서의 삶이다(2:20).

본 서신에서 예수 그리스도는 ①인간을 의롭게 하시는 분이시고(2:16), ②율법의 저주를 십자가에서 속량하신 분이시며(3:13), ③성령의 약속을 주신 분이시고(3:14), ④아들의 명분을 얻게 하신 분이며(4:5), ⑤참된 자유를 주신 분이시고(5:1), ⑥구원받은 그리스도인의 자랑이 되시는 분이시다(6:14-17).

(4) 특징: 본 서신은 율법과 복음의 관계(믿음으로 의롭게 되어짐—갈 2:16)와 성령 안에서의 새 생활을 설명해 주고 있어 로마서와 유사하여 "소 로마서"라고 불린다.

육체가 결정적으로 정복된 것은 사실이나 완전히 제거된 것은 아니기 때문이다. ... 성령의 삶은 계속되는 자기 부인과 철저한 헌신을 동반하는 것이다. 마지막으로 강조되어야 할 것은 성령을 좇아 행하는 삶은 결국 율법의 참된 의도와 목적이 충족되는 것으로 귀결된다는 것이다. ... 성령은 우리를 그리스도께로 인도하며 그를 본받게 함으로써 율법의 본래 목적이 이루어지게 하신다. ... 요컨대, 하나님의 백성의 삶의 핵심은 믿음과 성령과 사랑이다. ... 성령을 의지하는 삶이 바로 그리스도인의 삶인데, 이것은 육체의 세력을 극복하고 그리스도를 본받아 사랑의 열매를 생산하게 된다. 이 사랑 안에서 율법의 본래 의도는 이루어진다." 홍인규, *바울신학사색*, 킹덤북스, 2010, pp. 93-94.

44) 성령의 열매는 본질적으로 그리스도의 인격의 재현으로, 사랑으로 압축되는 성령의 9가지 열매를 맺는 삶은 그리스도의 형상을 본받는 삶이다. 홍인규, op. cit., p. 92.

11. 에베소서: 바울의 교회론

(1) 저작 시기와 장소:

전통적인 견해에 따르면, 본 서신은 사도 바울이 로마의 감옥에 갇혀있었을 때(주후 60-62년)에 본 서신을 기록하였다(엡 3:1, 4:1, 6:20). 본 서신의 전달자는 에베소 사람 두기고였으며(엡 6:21), 그는 본 서신과 함께 골로새서도 골로새 교회에 전달한 것으로 보고 있다(골 4:7). 옥중서신 중 본 서신과 골로새서와 빌레몬서는 거의 같은 시기에 기록된 것으로 보지만 시기적으로 골로새서와 빌레몬서가 본 서신보다 먼저 기록된 것으로 보고 있다.

바울의 동역자인 에바브라는 골로새 교회를 세웠을 뿐만 아니라 라오디게아와 히에라볼리에도 복음을 전하였는데(골 4:13), 그가 로마에 와서 바울에게 골로새 교회의 형편에 대하여 보고하는 것을 듣고, 골로새서를 기록하여 두기고 편으로 보내게 되었다. 한편, 골로새로부터 도망쳐 나온 노예 오네시모가 로마에서 바울을 통해 회심하게 되었고, 바울은 그를 원래 주인이었던 빌레몬에게 용서를 받아 교회에 봉사할 수 있도록 빌레몬서를 기록하여 두기고와 함께 오네시모를 파송하게 된 것이다.

두기고가 떠나기 전에, 바울은 세 번째로 에베소서를 기록하여 두기고 편으로 함께 보내게 되었다.

(2) 저작 배경:

에베소는 총독이 관할하는 아시아의 수도로서 지리적으로 전 로마제국의 중심지역에 해당되는 그런 도시였다. 바울은 2차 전도여행 때 잠시 머물렀으며, 3차 전도여행 때에 3년 동안 (주후 54-57년) 머물면서 특별히 두란노 서원에서 2년 동안 체계적인 제자양육사역을 펼친 결과로 아시아 지역전체가 복음화 되어질 수 있었고(행 19:10), 바울에 의해 양육받은 제자들이 자신들의 고향지역으로 나아가 골로새교회와 소아시아의 7교회들을 설립하는 결실을 거두게 되어졌다. 그러나 이것이 에베소에 자리잡고 있었던 아데미 신전을 중심으로 아데미 신상을 팔던 은장색들에게는 막대한 피해를 끼치게 되었고, 이로 인하여 은장색 데메드리오가 주동한 소동으로 바울은 에베소를 떠나게 되었다. 그래서 바울이 이 지역을 떠나 시리아로 가는 항해 중에 밀레도에 도착하여 에베소 교회 장로들과 작별하면서 고별설교를 하였고(행 20:18-35), 그 이후로 바울은 다시 이 도시를 방문할 수가 없었으며, 나중에 로마의 옥중에서 본 서신을 기록하여 보내게 된 것이다.

(3) 내용:

본 서신은 하나됨을 찬양하는 모든 송가들 중에서 가장 뛰어난 작품으로, 그리스도 안에서 하나됨은 모든 피조물을 포함하는 것으로 하나님의 궁극적인 목적은 "하늘에 있는 것이나 땅에 있는 것이 다 그리스도 안에서 통일되게 하려 하심"(엡 1:10)임을 밝혀주고 있다. 따라서 그리스도 안에서 인간의 분열이 회복되어 하나님께서 본래 세상을 만드실 때 의도하셨던 통일을 완성하시는데 이 통일의 도구가 바로 주님의 몸된 교회임을 드러내 보여주고 있다. 이 교회는 그리스도로 말미암아 충만되어지고, 또한 그리스도를 채우는 것으로 교회가 없이는 그리스도께서 그의 사역을 행하실 수 없는 대리적인 존재임을 강조하고 있다(1:23). 따라서 본 서신은 교회론을 다루는 서신으로 하나님께서 교회를 세운 목적과 구속에 대한 하나님의 계획이 무엇인지를 설명해 주고 있다(1:4,5,9,11,13, 20, 2:4,6,10, 3:11).

본 서신에서 바울은 교회를 다양한 모습으로 표현하고 있는데, 교회는 새로운 가족(1:5), 하나님의 기업(1:11), 그리스도의 몸, 그의 충만(1:22-23), 하나님의 걸작품(2:10), 한 새사람(2:15), 하나님의 권속(2:19), 하나님의 거하실 처소(2:21-22), 유대인과 이방인 신자들의 연합체(3:6), 하나님의 지혜를 나타내기 위한 도구(3:10), 그리스도의 장성한 분량이 충만한 몸

(4:12-13), 온전히 성장한 완전한 사람(4:13), 그리스도의 신부(5:23-32), 하나님의 사랑의 대상(5:25), 그리스도 몸의 지체(5:30), 사탄에 대항하여 싸우는 하나님의 전사(6:11-18)로 묘사하고 있다. 이러한 표현들은 교회가 다양한 기능을 가진 영적 유기체(spiritual organism)임을 밝혀주고 있다.

더 나아가, 본 서신은 성령께서 교회생활의 원동력이 되심을 밝혀주고 있다. 이 성령은 성도들을 약속으로 인치시고(1:13), 교회를 설립하시고(2;22), 진리를 계시하시고(3:5), 속사람을 능력으로 강건하게 하시고(3:16), 성도들을 하나되게 매는 줄이시며(4:3,4), 생각과 말의 파수꾼이시고(4:29-32), 참된 기쁨의 자극제가 되심(5:18-19)을 언급하고 있다. 성경은 성령이 참된 기쁨의 원천이 되시고 수여자가 되심을 가르쳐 주고 있다(눅 10:21, 살전 1:6).

12. 빌립보서: 그리스도인의 신분과 삶의 특징을 보여 주는 서신(기쁨의 서신)

(1) 저작 배경:

빌립보는 초대교회 당시 유럽과 아시아의 관문이었고 로마의 에그나티아 도로가 통과하는 지역으로 로마의 식민지였다. 이 도시의 주민들은 자체 화폐를 소유할 수 있었고, 소로마라고 할 정도로 긍지와 자부심을 가지고 있었다.

이 도시의 빌립보교회는 바울의 2차 전도여행시(주후 50년) 드로아에서 "마게도냐로 건너와 우리를 도우라"(행 16:9)는 환상을 본 후에 유럽으로 건너가서 마게도니아에 설립한 유럽의 최초의 교회였다. 이 교회를 설립할 당시 바울과 실라, 디모데, 누가가 함께 사역했으며 유럽 최초의 개종자는 자주장사 "루디아"라는 여성도였다. 이 여성도의 집에서 빌립보교회가 시작되어진 것으로 보고 있다. 귀신들렸다가 고침받은 여종과 빌립보 감옥의 간수가 이 교회의 구성원들이었고, 이 교회가 바울을 잊지 않고 몇 차례에 걸쳐서 바울에게 선물을 보내왔다(4:15, 16).

바울은 3차 전도여행(주후 55-56년) 중에 두 번째로 이 교회를 방문하였고(행 20:1-5), 그 후에 예루살렘에서 체포되어 죄수의 몸으로 로마의 감옥에 갇히게 되었을 때, 이 교회는 에바브로디도 편으로 바울의 쓸 것을 보내왔지만 에바브로디도가 바울을 돕는 가운데 로마에서 중병에 걸렸고 이 소식에 빌립보 교인들이 걱정하게 되었는데, 하나님의 은혜로 그가 회복되자 바울은 에바브로디도를 돌려보내면서 감사의 편지를 써서 보낸 것이 바로 본 서신이다.

(2) 기록 시기 및 장소:

본 서신은 주후 62년경에 로마의 옥중에서 기록되어진 것으로 바울이 로마에서 체류했던 2년 중의 말기에 기록된 것으로 보여 진다.[45)]

(3) 특징 및 내용:

본 서신의 가장 큰 특징은 4장밖에 되지 아니하는 짧은 서신 가운데 "기쁨(카라)"과 "기뻐하다(카이로)"라는 단어가 16번이나 나올 만큼 영적 기쁨이 강조되고 있어 "기쁨의 서신"이라는 별명을 가지고 있다. 본 서신은 그리스도 안에는 어떤 환난도 빼앗아 갈 수 없는 참된 기쁨과 어떤 감옥도 통제할 수 없는 참된 자유가 있음을 말해 주고 있다.

본 서신에서는 그리스도인들은 하늘의 시민권을 가진 자들

---

45) Merrill C. Tenney, *New Testament Survey (신약개론)*, 서울서적, 1985, p. 371.

임을 언급하면서(3:20), 그리스도 복음에 합당하게 생활해야 할 것을 강조하고 있다(1:27). 또한 그리스도인들은 뒤에 있는 것들을 잊어버리고 앞에 있는 것을 잡으려고 달려가는 자이며(3:13-14), 어떤 환경 가운데서도 능력주시는 자 주님 안에서 자족하고 만족하는 삶을 살아가는 자들이고(4:11-13), 그리스도의 마음을 품고 모든 사람들을 대할 수 있는 겸손과 순종의 사람들이며(2:1-11), 삶의 목적이 "살든지 죽든지 내 몸에서 그리스도가 존귀히 되게 하려"(1:20)하는 자들임을 밝히 보여주고 있다.

13. 골로새서: 바울의 기독론

(1) 저작 배경:

골로새는 소아시아의 서남쪽에 위치한 도시로서 라오디게아, 히에라볼리와 함께 번영했던 도시였고, 에베소는 이 세 도시들로부터 100마일 가량 서쪽에 위치하고 있었다. 골로새는 동서교통의 요지로서 동서사상의 교류장소였기에 여러 가지 종교와 철학이 번성하였다.

사도 바울의 3차 전도여행 때에 3년 동안(주후 54-57년) 에베소에서 사역하는 동안에 바울의 제자요 이방인이었던 에바브라에 의해 설립된 교회였다(골 1:7). 이 교회는 바울이 직접 설립한 교회가 아니었으며, 한번도 방문한 적이 없었지만 바울이 로마에 머물 당시 이 교회의 목회자였던 에바브라가 로마에 찾아와 골로새 교회의 형편에 대하여 보고하였고, 이단적인 가르침의 침투에 대한 염려의 소식을 듣고 바울이 쓴 편지가 바로 골로새서였다.

이 교회의 구성원으로는 빌레몬서의 수신인인 빌레몬과 그의 아내 압비아, 그의 아들 아킵보, 그리고 회심한 오네시모 등이었다.

본 서신을 전달한 사람은 두기고였으며, 그는 회심 후 주인 빌레몬에게 돌아가는 오네시모를 대동하고 갔으며, 이들은 오네시모에 관해 기록된 빌레몬서와 에베소서를 함께 가지고 갔던 것으로 보이며, 골로새교회의 사역자 에바브라는 바울을 돕고자 자원하여 로마에 남아 있었다(골 4:10, 12-13, 몬 23절).

(2) 저작 시기 및 장소:

본 서신을 기록할 당시에 바울은 감옥에 있었음을 언급(골 4:10, 18)하고 있는 것으로 보아 바울이 로마의 감옥에서 주후 61년 후반 혹은 62년 경에 쓰여진 것으로 볼 수 있다. 학자들은 본서가 에베소서보다 약간 먼저 기록된 것으로 말하고 있다.[46)] 따라서 옥중서신들의 기록순서는 골로새서, 빌레몬서, 에베소서, 빌립보서의 순서로 볼 수 있을 것이다.

(3) 특징 및 내용:

그리스도에 대한 기독론을 잘 설명하고 있는 서신으로 그리스도의 절대적인 우월성과 전능하심을 강조하고 예수님의 신인양성을 부정하는 이단 사상에 대한 반론으로 예수 그리스도의 신인양성을 조화롭게 언급하고 있다. 특히 골로새서 1장 15-20절은 "그리스도의 찬가"라고 불리워지고 있는데 그리스도를 최상의 언어로 찬미하고 있다. 즉 그리스도는 구속의 주

---

46) Curtis Vaughan, *The Expositor's Bible Commentary: 골로새서*, 기독지혜사, 1982, p. 117.

님이신 동시에 창조의 주님이심을 드러내 보여주고 있다.

본 서신과 에베소서는 쌍둥이 서신이라고 불리워지고 있는데,[47] 에베소서가 그리스도의 몸된 교회에 강조점을 두고 있는 반면에, 골로새서는 몸의 머리되신 그리스도에 강조점을 두면서 그리스도는 우리의 모든 필요를 위해 충분하신 분이심을 보여주고 있다.

본 서신에서 예수 그리스도는 하나님의 아들(1:14), 그리스도인들의 믿음의 대상(1:4), 구속자(1:14), 하나님의 형상(1:15), 창조주(1:15), 교회의 머리(1:18), 부활의 첫 열매(1:18), 신성이 육체에 충만하신 분(1:19, 2:9), 세상을 화평케 하시는 분(1:20), 하나님의 비밀의 근본(2:3), 하나님의 온갖 지혜와 지식의 보화가 감추어 있는 분(2:3), 모든 종교적인 교훈을 판단하시는 척도(2:8), 모든 정사와 권세의 머리(2:10), 옛 언약의 법례와 의식의 그림자가 비추이는 진리의 참 실체(2:17), 십자가로 모든 악의 권세를 정복하신 분(2:15), 부활하셔서 하나님의 보좌 우편에 좌정하신 분(3:1), 장차 나타나실 분(3:4)으로 묘사하고 있다.

(4) 골로새 교회의 이단 사상들:

① 거짓철학－초기 영지주의 사상형태로서 물질은 악한 것

---

47) Merrill C. Tenney, op. cit., p. 366.

이라고 주장하므로 예수님의 성육신을 부인하였고, 특별한 지식이 있어야 구원받을 수 있다고 주장하므로 예수님의 구속으로 인한 구원을 부인하였다(골 2:8).

② 유대교적 율법주의－유대주의자들은 육체의 할례, 음식의 규례, 특별한 절기의 준수가 구원과 관계가 있다고 주장하였다(골 2:16).

③ 천사숭배의 신비주의－사람이 직접 하나님께 경배하는 것은 교만한 태도이며, 하나님과 인간 사이의 중보자인 천사를 숭배하는 것이 겸손한 것이라고 주장하였다(골 2:18).

④ 금욕주의－육체는 물질이기 때문에 악하다고 생각하여 이 육체를 자학함으로 물질의 영향력으로부터 자신을 해방시켜야 한다고 주장하였는데, '맛보지 말라, 만지지 말라' 등의 금욕적인 계명으로 신앙을 통제하였다(골 2:21-23).

⑤ 방종주의－오직 영혼만이 중요하고, 물질은 실재하지도 중요하지도 않기 때문에 육체의 욕망을 만족시켜야 한다고 생각하여 육적 방종과 방탕한 결과를 가져왔다(골 3:5-8).

14. 빌레몬서: 그리스도인의 용서(노예의 대헌장: The Magna Carta of the Slave)

(1) 저작 배경:

빌레몬은 바울의 사역을 통해 그리스도인이 되었고, 그 후 골로새 교회의 지도자적 위치에 있었던 사람으로 경제적으로도 부유하였으며, 그의 집에 교회가 있었다. 그런데 그의 종 오네시모가 주인의 재물을 착복한 후에 로마로 도피하였으며 그곳에서 바울을 만나 예수님을 영접하게 되었고, 바울에게 수종드는 매우 유용한 인물이 되어졌다(몬 12-13). 그러나 바울은 오네시모가 주인의 물건을 훔친 것과 주인으로부터 도망한 일에 대하여 그들의 관계를 회복시키고, 빌레몬의 허락을 받아 오네시모의 시중을 받으며 복음을 전하기를 원하여 본 서신을 보내게 된 것이다.

(2) 저작 시기 및 장소:

본 서신은 두기고가 에베소서와 골로새서를 가지고 아시아에 파송받게 될 때에 오네시모를 함께 보내면서 본 서신을 기록하여 보내게 된 것으로 이 세 서신들은 거의 같은 시기에 기록된 것으로 보아 주후 61년 후반 혹은 62년 경에 기록된 것으로 보고 있다.

(3) 특징 및 내용:

바울서신들 중에서 25절 밖에 안되는 가장 짧은 서신으로 가장 개인적인 내용을 담고 있는 편지이다. 바울 자신을 '사도' 나 '종' 으로 소개하고 있는 다른 서신들과는 달리 '그리스도 예수를 위하여 갇힌 자' 로 소개하고 있다.

빌레몬서의 기록목적은 빌레몬과 오네시모 사이에 화해를 이루게 하는 것이다. 본 서신은 용서에 대하여 그리스도인이 취해야 할 태도를 보여주고 있는데, 그리스도인은 하나님이 인간을 용서하신 그 사랑을 조건없이 보여주어야 할 것을 가르쳐 주고 있다.

본 서신이 기록될 당시의 로마제국 시대에 무려 6000만명의 노예들이 있었을 정도로 노예제도는 보편적인 현상으로 노예가 도망치는 일은 가장 중대한 범죄로 간주하여 붙잡힐 경우 십자가에 달리거나 이마에 붉게 달은 뜨거운 쇠로 F라는 화인이 찍히게 되는데 이 글자는 도망자라는 뜻을 가진다.[48] 따라서 바울은 빌레몬에게 오네시모를 돌려 보내는 것에 큰 위험이 뒤따른다는 것을 잘 알고 있었을 것이다.

빌레몬의 이름은 '애정이 있는 사람' 이라는 뜻이고, 오네시

48) William Barclay, *The Men, The Meaning, The Message of the New Testament Books (신약성서의 주요 메시지)*, 신성종 역, 컨콜디아사, 1987, p. 123.

모의 이름은 '유익한, 쓸모있는, 도움이 되는' 이라는 뜻이다. 오네시모는 자신의 이름과는 달리 쓸모없는 사람이었으나 복음으로 변화되어 참으로 유익하고 쓸모있는 인생으로 변화되었는데, 존 녹스(John Knox)에 의하면, 이 오네시모가 나중에 에베소교회의 감독이 되었고, 그 후에 바울의 서신들을 수집하는 책임을 맡아 그 일을 하면서 자신에 관한 이 짧은 서신을 포함시켰다고 한다.[49] 이 견해가 사실이라면 본 서신은 예수 그리스도의 복음이 한 인간의 삶과 그 영혼을 위해 어떤 위대한 역사를 이루셨는가를 증거해 주는 그런 서신이라고 말할 수 있을 것이다.

본 서신에 등장하는 바울과 빌레몬과 오네시모는 완전히 다른 삶의 독특한 배경을 가지고 있는 사람들로서 바울은 히브리인 중에 히브리인이요 율법에 정통한 사람으로 한때 유대교에 앞장섰던 엄격한 유대인이었으며, 빌레몬은 아시아 지역의 이방인으로 경제적으로 부유한 사람이었고, 오네시모는 모든 피조물들 가운데 가장 멸시받는 노예의 신분이었고, 그것도 탈주한 노예였지만 이 세 사람은 그리스도의 복음 안에서 한 형제로 연합되어 있음을 보여주고 있다. "너희는 유대인이나 헬라인이나 종이나 자주자나 남자나 여자없이 다 그리스도 예

49) Arthur A. Rupprecht, *The Expositor's Bible Commentary: 빌레몬서*, 기독지혜사, 1982, p. 488.

수 안에서 하나이니라" (갈 3:28)는 말씀에 대한 생생한 증거라고 볼 수 있다.

사도 바울은 본 서신을 통하여 인위적이고 정치적인 혁명에 의해 노예제도를 없애려 한 것이 아니라 복음에 의한 내적 변화에 의하여 노예제도를 없애려 한 것으로 보여 진다. 따라서 본 서신은 살아있는 복음 그 자체가 궁극적으로 사회의 노예제도를 무너뜨리므로 복음의 사회적 영향력이 얼마나 큰가 하는 것을 드러내 보이고 있다. 본 서신은 "그리스도인의 모든 윤리행위는 규제와 강압에서 보다는 사랑에서 나와야 한다"는 것을 깨우쳐 주고 있다.[50)]

본 서신은 용서의 모든 요소들을 내포하고 있는데, 범죄(11, 18), 긍휼(10), 중재(10, 18, 19), 대속(18, 19), 구원(15)의 요소들이 포함되어 있다.

---

50) Ibid., p. 489.

15. 데살로니가전서: 바울의 종말론(그리스도인 개인의 종말과 우주적 종말의 확실성)[51]

(1) 저작 배경:

데살로니가는 바울 당시 로마 영토인 마게도냐의 수도로서 로마의 고속도로인 에그나티아 도로(Via Egnatia) 상에 위치하여 남으로는 그리스 전지역, 동으로는 소아시아, 북서로는 마게도냐와 로마지역으로 연결되는 주요 간선도로의 경유지로서 이 지역의 복음화는 인근지역 복음화에 엄청난 영향을 미칠 수 있었다.

주민은 대부분이 헬라인이었고, 그 다음으로 로마인, 동방인, 유대인이 다수 있었다. 따라서 유대인의 회당이 이미 서 있었다(행 17:1). 바울은 2차 전도여행 중에 유럽의 첫 지역으로 빌립보에서 복음을 전하고 그 다음으로 이곳에서 실라와 디모데와 함께 처음 3-4 주간은 유대인의 회당에서 복음을 전했고 야손의 집을 숙소 및 바울의 작업장으로 사용했을 것으로 추정되어진다(행 17:2-3).[52] 나중에 이곳에서 데살로니가 교회가

---

51) 본 서신에 관한 설명은 저자의 저서 "*데살로니가전서 강해연구* (도서출판 영문)"의 서론부분을 수정 요약한 것으로 본 서신에 관한 상세한 연구는 이 저서를 참고하라.

52) Theodor Zahn, James Everett Frame, R. C. H. Lenski는 데살로니가에서의 체류기간은 행 17장 2절에 근거하여 3주를 넘지 않았다고 보

시작되었다고 볼 수 있다.

이곳에서의 사도 바울의 선교사역이 마게도냐 전 지역을 복음화하는 발판이 되었는데, 기독교 선교 역사상 유럽에서 최초로 설립된 빌립보 교회에 이어 두 번째로 세워진 이 교회의 설립은 그 이전까지의 아시아지방을 중심으로 행하여졌던 선교가 유럽지역으로 확장되었다는 중대한 의미를 지닌다. 그 후 유대인들의 폭동과 박해로 인하여 이곳을 떠나 고린도에서 디모데가 전하는 데살로니가 교회의 소식을 듣은 직후에 본 서신을 기록하여 보낸 것이다.

야손과 바울의 동역자 아리스다고(행 27:2, 골 4:10), 세군도(행 20:4)등이 충실한 신자들이 되었으며, 가이오(행 19:29)와 데마(딤후 4:10)도 이 지역사람으로 추정된다.

(2) 저작 시기 및 장소:

제 2차 선교여행 중 고린도에서 A.D. 50년 혹은 51년에 기록한 것으로 추정된다. 즉 예수 그리스도의 십자가에 못 박히신 후 20년 이내에 본 서신이 기록되었다고 볼 수 있다. 많은 학자들이 본 서신을 바울 서신들 중 가장 초기의 것으로 이해

는 반면, Richard B. Rackham, F. W. Beare, Leon Morris, William Hendriksen, Robert L. Thomas, P. J. Gloag는 더 길게 보고 있으며, W. M. Ramsay는 6개월 정도 머문 것으로 말하고 있다. James Moffatt는 2-3개월 정도로 보고 있는데 이것이 가장 무난한 것 같이 보여 진다.

하고 있다. 따라서 본 서신은 선교사 바울의 마음과 생각이 대단히 많이 반영되어져 있으며, 피선교지 성도들에 대하여 바울이 가지는 감정의 깊이를 보여주고 있다.

(3) 특징 및 내용:

본 서신의 주제는 그리스도의 재림을 기다리며 거룩한 삶을 살라는 것이다. 본서를 기록한 목적은 데살로니가 교회에 관한 디모데의 보고를 받고 ① 그들이 핍박과 환난 가운데서도 훌륭한 신앙생활을 하고 있다는 좋은 소식에 그들을 격려하고 동시에 저자들의 기쁨과 하나님께 대한 감사를 표현하기 위하여, ② 선교사들에 대하여 데살로니가지역에 퍼져 있었던 어떤 잘못된 비난들에 대한 반박을 하기 위하여－이는 유대인들의 소행으로 볼 수 있는바 데살로니가 성도들로 하여금 바울을 위시한 선교사들을 불신하게 만들므로(즉 선교사들이 자신들의 유익을 위하여 물질적인 이득을 얻으려고 하는 잘못된 동기를 가지고 있었다는 것과 바울 일행의 갑작스런 떠남과 그후 계속해서 돌아오지 않는 비겁한 자들이었다는 것) 그들의 믿음을 무너뜨리기 위해서였으며, 그리해서 마게도냐에서의 복음사역을 방해하기 위한 것이었는데 2장과 3장에서 주로 이 문제를 다루고 있다 ③ 그 교회가 가지고 있는 몇 가지 문제들과 결함들을 교정시켜 주기 위하여, 마지막 두 장(4장과 5

장)이 여기에 할애되어졌다.

데살로니가 교회가 가지고 있었던 문제들은 다음과 같다: ① 바울의 전도를 듣고 주의 재림이 임박한 것으로 단정하고 일을 하지 않고 무위도식하는 자가 있었다(4:11-12, 살후 3:8). 곧 멸망할 것들을 위해 수고할 까닭이 있는가에 대한 답변이 필요하였다. ② 어떤 자들은 과거의 생활을 버리지 못하여 부도덕한 생활에 빠져 있었다(4:1-8). 즉 성적으로 부도덕한 도시에서 성적인 문제에 있어서 이방인의 기준으로 되돌아가는 경향이 강했다. ③ 어떤 자들은 죽은 가족 때문에 너무 비탄에 빠져 있었다(4:13-18). 즉 죽은 신자들이 그리스도 재림의 영광에 동참할 수 있겠는가?(4:13 이하) ④ 어떤 사람들은 주의 강림(파루시아)이 언제 일어나게 될런지에 대해 근심하고 궁금해 했다(5:1 이하). ⑤ 교회의 지도자들 중 몇 사람과 회중들 사이에 갈등이 있었던 것으로 여겨진다(5:12-13). ⑥ 성령의 사역과 예언의 은사에 관한 문제들이 있었다(5:19-20). 이런 문제들에 대하여 그들을 바른 교훈으로 양육하고 그들을 격려하기 위한 목적으로 기록하게 된, 바울의 13서신들 중 첫 번째 서신이다.

본서는 데살로니가후서와 더불어 재림서신이라 불려질 정도로 그리스도 재림에 대한 다양한 정보를 지니고 있다. 그러므로 본서의 근본적인 중심주제는 반드시 임할 그리스도의 재림이며, 부가적 주제는 재림을 대망하는 자가 마땅히 지향해야 할 바 거룩한 삶이다.

본서에서 발견할 수 있는 주요 주제들은 다음과 같다.

① 그리스도인들의 신앙생활은 믿음의 역사와 사랑의 수고와 소망의 인내의 삶이 되어져야 한다(1:3). 살전 1장 3절은 신앙생활에 대한 성경적인 정의라고 할 수 있는데, 믿음으로 의롭다하심을 받은 성도는 하나님과의 관계에서 믿음에 의해 나타나지는 사역의 열매를 풍성히 맺을 수 있어야 하며, 다른 사람과의 관계에서 아가페의 사랑으로 행하는 수고의 열매를 기쁨으로 맺어갈 수 있어야 하며, 참된 소망의 원천과 대상이 되시는 예수님으로 말미암아 재림이후에 주어질 영광과 상급을 소망하는 가운데 모든 역경과 고난을 넉넉히 이기는 삶을 살아가는 자들이다.

② 성공적인 교회사역을 위해서는 사역자 자신이 복음을 믿음으로 구원받아야 하며, 그 사역에 성령으로 말미암는 능력과 큰 확신이 동반되어져야 하고, 사역자의 삶이 메시지가 되어져야 하고(1:5), 영적 부모의 자세를 가지고 구성원들을 대할 수 있어야 한다(2:6-12).

③ 택하심을 받은 그리스도인은 거룩한 삶을 살아가므로 하나님을 기쁘시게 해야 한다(4:1-18). 즉 결혼의 영역에서 모든 형태의 불법적인 성관계에서 떠나야 하고(4:3), 거룩함과 존귀함으로 결혼생활을 영위해 나가야 하며(4:4), 직업의 영역에서

이웃사랑을 실천하는 장으로서의 일터사역을 행하므로 복음 전도의 열매를 맺을 수 있어야 하며(4:9-12), 죽음의 영역에서 죽음의 올바른 의미와 인간의 영원성에 대한 인식을 가지고 소망 중에 삶을 살아갈 수 있어야 한다(4:13-18).

④ 부활에 대한 소망을 가지고 모든 슬픔과 고난을 극복해 나가야 한다(4:13-18). 그리스도께서 재림하실 때에 그리스도 안에서 죽은 자들이 부활할 뿐만 아니라 살아있는 모든 그리스도인들까지 주님이 부활하신 몸과 같이 신령한 몸으로 변화되어질 것을 믿음으로 어떤 고난과 슬픔 가운데서도 소망을 가지고 기뻐하며 감사하므로 사명에 헌신하는 삶을 살아갈 수 있어야 한다.(5:16-18)

⑤ 그리스도의 재림에 대한 신앙으로 무장하여 영적으로 깨어 있어야 한다(5:1-10). 그리스도의 재림은 믿는 자들에게는 두려움의 사건이 아니라 주님이 예비하신 영광과 상급에 참여하는 날이라는 확신을 가지고 도덕적으로나 영적으로 방종한 삶을 살지 않고, 영적 분별력을 가지고 그 날을 준비하는 삶을 살아가야 한다.

⑥ 하나님은 구원역사를 이루어 가심에 있어서 사람들을 사용하여 역사하신다(1:1, 3:1-2). 데살로니가에 복음을 전하기 위하여 하나님은 천사들을 보내지 아니하시고, 바울과 실루아노와 디모데와 같이 참된 그리스도인의 삶을 살면서, 하나님

의 인도하심에 기꺼이 순종하기를 원하며, 복음을 전하고자 하는 열정을 가지고 헌신하는 사람들을 사용하심을 보여주고 있다.

⑦ 복음은 인간을 "구원에 이르게 하는 하나님의 능력"이며 교회 건설의 원동력이다(1:5, 2:13, 롬 1:16). 데살로니가에 교회를 설립하는 데는 몇 년씩 걸린 것이 아니라 2-3개월 이내에 환난을 극복할 수 있었던 훌륭한 하나님의 교회가 세워질 수 있었다. 본 서신은 복음의 능력은 삶을 변화시키고 주의 교회를 이 땅위에 세워나가는데 참된 효력이 있음을 생생하게 나타내 보여주고 있다. 바울은 "우리 복음이 말로만 너희에게 이른 것이 아니라 오직 능력과 성령과 큰 확신으로 된 것이니"라고 상기시키고 있다(1:5).

⑧ 사단은 언제나 복음전파를 반대하며 하나님의 교회를 시험하며 위협한다(2:18, 3:3-5). 사단이 데살로니가 교회를 다시 방문하고자 했던 바울의 발걸음을 막았지마는 이 일로 인하여서 사도 바울은 데살로니가전후서라는 두 편의 서신을 성령의 감동으로 기록하여 보냄으로 말미암아 데살로니가 교회뿐만 아니라 오고 오는 세대의 모든 주님의 교회와 성도들이 영적으로 유익을 얻을 수 있는 엄청난 결과를 가져오게 되어진 것이다. 이와 같이, 사단의 방해 행위는 전능하신 하나님의 제재와 간섭으로 인하여 결국에는 택하심을 받은 그리스도인

들에게 더 유익된 결과를 가져오게 되어지므로 오히려 복음전파와 교회성장의 결과를 가져오며, 성령의 위로와 역사하심으로 성도들의 영적 성장과 성화의 열매를 맺게 하심을 보여주고 있다.

윌리엄 헨드릭슨(William Hendriksen)은 그의 주석 가운데서 바울의 신학적인 면과 인간적인 면과 선교적인 면을 종합적으로 가장 잘 드러내 보여 주고 있는 서신이 데살로니가전후서인 것을 말하고 있는데 "데살로니가전후서는 이후의 교리 형성을 위한 중요한 원천으로 인간 바울 연구를 위한 불가결의 안내서로, 그리고 선교사들을 위한 편람 중 중요한 한 장(章)으로 간주될 것이다"라고 언급하고 있다.[53)]

---

53) William Hendriksen. *1 & 2 Thessalonians,* (London: The Banner of Truth Trust, 1995), p. 4.

16. 데살로니가후서: 종말의 전조적 특징을 보여주는 서신

(1) 저작 배경:

데살로니가전서의 편지를 보낸 후에 고린도로 되돌아 온 사람들로부터 교회의 형편에 관한 새로운 소식을 듣고서 보낸 두 번째 서신이다. 아마도 데살로니가전서의 서신을 전달한 자가 이 교회의 최근의 상황에 대한 정보를 가지고 되돌아 와서 전달했을 것이다.

바울이 이미 보낸 데살로니가전서에서 그리스도의 재림이 정확히 언제 있을지는 알 수 없으나 도적같이 오실 것이라는 언급(살전 5:2)에 대하여 주의 날이 이미 이르렀다고 하는 잘못된 주장을 하는 자들이 생겨났고(살후 2:2) 따라서 일을 할 필요가 없으니 직업을 버려야 한다는 생각(살후 3:6-15)을 가진 자들이 더욱 늘어났다는 소식에 대하여 재림이 아직 일어나지 않았음을 상기시키고, 재림 전에 어떤 징조가 있어야 하는지를 가르치고자 본 서신을 기록하게 된 것이다.

(2) 저작 시기 및 장소:

본 서신은 데살로니가전서가 기록된 직후, 1년이 지나기 전에 기록된 것으로 보아 데살로니가전서와 비슷한 주후 50

년 혹은 51년에 고린도에서 기록된 것으로 볼 수 있을 것이다.[54)]

(3) 특징 및 내용: 주의 재림에 대한 잘못된 반응 즉, 어떤 이들은 영적 계시를 받았다고 말하면서 주의 날이 이미 이르렀다고 하는 주장에 대하여 재림 이전에 있을 몇 가지 징조들이 일어나야 할 것을 언급하면서, ①배교[55)]하는 일들이 급격히 늘어나게 되고(살후 2:3), ②막는 자의 막는 것[56)]이 중단되고(살후 2:6-7), ③사탄의 사주를 받고 스스로를 높여 자신을 신격화하고 하나님을 반역하는 적그리스도[57)]가 나타날 것(살후 2:4,

---

54) Thomas L. Constable, *The Bible Knowledge Commentary: 데살로니가전후서*, 김운성 역, 두란노, 1988, p. 80.

55) "영적 변절" 혹은 "믿음의 자리에서 떠나는 것"을 의미한다.

56) 크리소스톰(Chrysostom)은 로마제국과 로마제국의 권력으로 해석하고 있고, 오스카 쿨만(Oscar Cullman)은 복음을 전하는 바울 자신과 선교적 복음전파를 뜻하는 것으로, 헨드릭슨(William Hendriksen)은 "질서 정연한 인간의 지배력"으로, 로버트 토마스(Robert L. Thomas)는 성령과 성령의 사역으로 해석하고 있다. 이 표현의 적절한 의미로 마지막 때의 복음사역자들의 선교적 복음전파로 볼 수 있을 것이다.

57) 본 서신에서는 "불법의 사람, 멸망의 아들(2:3), 대적하는 자(2:4), 불법한 자[악한자](2:8-9)로 표현되어지고 있다. "불법의 사람"이란 하나님의 법을 무시하고 하나님의 다스림을 거부하는 행위를 일삼는 사람"을 뜻하고, "멸망의 아들"이란 영원한 멸망이 운명지어진 사람"을 의미하며, "대적하는 자"란 하나님과 그의 백성들을 대항하여 적의를 가지고 반대하고 방해하고 공공연히 싸움을 거는 사람"을 의미한다. 이 "대적하는 자"란 단어는 흔히 "사단"(사단의 뜻은 대적자, 적대자, 원수)을 가리키는 말로 사용되었으며(딤전 5:14), 사단의 사주를 받아 대적하는 일을 하는 자임을 암시해 주고 있다.

9)을 설명하고 있다. 또한 종말을 핑계삼아 일하지 않고 게으른 삶으로 다른 사람에게 피해를 주지 말고, 규모있는 근면한 생활을 해야 할 것을 깨우치고 있다. 즉, 그리스도의 임박한 재림이 결코 그리스도인들을 태만하게 만들어서는 안되며, 더욱 거룩하게 살면서 시간을 선용하여 하나님 나라를 위해서 열심히 일해야 한다는 것이다. 따라서 본 서신의 내용은 ①환난에 처한 성도들에 대한 격려(1장), ②불법의 사람의 출현 및 종말의 심판(2장), ③재림신앙에 합당한 성도의 삶에 대한 권면(3장)으로 이루어져 있다.

데살로니가전서에서는 그리스도의 강림이 어느 때든지 일어날 수 있는 사건으로 언급하고 있는 반면, 데살로니가후서에서는 그리스도 강림 이전에 일어날 전조적 징조를 설명하고 있다는 것이 차이점이다.

17. 디모데전서: 바울의 목회론(교회직분자의 자격과 사역지침)

(1) 저작 배경:

디모데는 바울의 제 1차 선교여행 중 바울이 소아시아의 루스드라에서 복음을 전할 때인 A.D. 47년경 바울의 설교를 듣고 개종하여 그리스도인이 되었으며(행 13-14장, 딤전 1:2), 그 후 2년 후인 A.D. 49년에 제 2차 선교여행 때 바울과 동행하게 되었다. 그 이름(Τιμόθεος)은 "하나님을 공경함"의 의미를 가지고 있으며, 그의 아버지는 헬라인이었으나, 그의 어머니 유니게와 외조모 로이스로부터 구약성경을 배웠고 신앙의 영향을 받으며 자라났다. 바울은 그를 '믿음으로 낳은 아들' (고전 4:17, 딤전 1:2, 딤후 1:2)이라고 표현했으며, 바울의 6편지에 바울과 공동저자로 나타나고 있고(고후 1:1, 빌 1:1, 골 1:1, 살전 1:1, 살후 1:1, 몬 1:1), 바울에게서 2편의 편지를 받았다(딤전 1:2, 딤후 1:2). 바울이 임종이 가까웠을 때에 디모데는 바울로부터 속히 오라는 부탁을 받았고(딤후 4:9), 전설에 의하면 디모데는 도미시안 황제 때(주후 81-96) 96년 이전에 순교했다고 한다.[58)]

---

58) 이종윤, *신약개론*, 개혁주의 신행협회, 1989, p. 523.

(2) 저작 시기 및 장소:

바울이 1차 로마의 감옥(주후 60-62)에서 풀려난 후 마게도니아에서 주후 65년경에 기록된 것으로 보고 있다. 딤전 1장 3절은 바울이 본 서신을 기록할 때 마게도니아에 있었다는 것을 암시해 주고 있다. 일반적으로 목회서신이라 불리워지는 세 서신의 기록은 디모데전서, 디도서, 디모데후서의 순서로 기록되어졌을 것이다.

(3) 특징 및 내용:

사도 바울이 에베소에서 목회하고 있었던 디모데에게 보낸 목회서신이다(딤전 1:3). 이단의 거짓된 교리를 배격하고 참된 신앙을 보호하고, 디모데가 목회사역의 책임을 합당하게 감당하도록 일깨우기 위한 목적으로 기록된 것이다. 따라서 본 서신은 교회의 목회원리를 가르쳐 주고 있다. 본 서신에서 바울은 사역자의 개인적 삶의 기본 요소로 "피하라, 좇으라, 싸우라, 지키라"(6:11, 12, 14)는 4가지 훈령을 제시하면서, 거짓 교사들에 대한 교훈(1:3-20), 공중 예배시 기도의 성격과 목적(2:1-8), 장로의 자격(3:1-7), 집사의 자격(3:8-13), 거짓 교리에 대한 경고(4:1-5), 영적 성장의 필요성(4:6-16), 늙은 과부에 대한 재정적 후원(5:1-16), 장로의 안수와 치리법(5:17-25), 물질에 대한 청지기 정신(6:17-20) 등을 다루고 있다.

또한 본 서신에서는 "혼인을 금하고 식물을 폐하라"(4:3)는 초대교회 당시 영지주의(Gnosticism) 이단들의 극단적 금욕주의 사상은 하나님의 창조원리를 위반한 것임을 경고하면서 "하나님의 지으신 모든 것이 선하매 감사함으로 받으면 버릴 것이 없나니 하나님의 말씀과 기도로 거룩하여짐이니라"(4:4-5)고 말씀하고 있다.[59] 더 나아가, 본 서신에서 "거짓되이 일컫는 지식의 망령되고 허한 말과 변론을 피하라"(6:20)는 구절도 영지주의 사상에 대한 언급으로 해석되어지고 있다.

---

59) John Stott는 "하나님의 창조적인 말씀과 우리의 감사 기도는 우리가 그것을 사용할 수 있도록 거룩케 한다"고 설명하고 있다. *The Message of 1 Timothy & Titus (디모데전서, 디도서 강해)*, 김현회 역, IVP, 1998, p. 154.

18. 디모데후서: 바울의 유언적 서신(성경의 독특한 특징과 효능을 말하고 있는 서신)

(1) 저작 배경:

사도 바울이 1차 로마에서의 투옥에서 풀려난 후 그의 소망인 스바냐(스페인) 선교여행을 마친 후에 주후 67년경에 다시 체포되어 로마의 지하 감옥에 투옥되어 있었던 시기에 기록되어진 것이다. 사도 바울은 주후 64년에 로마가 화재사건으로 불타고 네로 황제의 박해가 시작된 이후, 주후 67년-68년경에 체포되어 로마시에서 5km 떨어진 오스티안 가두에 마련된 단두대에서 참수형으로 순교를 당한 것으로 전해내려 오고 있다.

(2) 저작 시기 및 장소:

바울이 주후 67년경 다시 투옥된 로마의 감옥에서 마지막 임종을 앞두고 쓰여진 것이다. 따라서 본 서신은 사도 바울의 유서라고 할 수 있다.

(3) 특징 및 내용:

바울 사도가 자신의 임종이 임박한 것을 알고서 디모데가 복음을 위하여 고난을 감수하는 신실한 동역자가 되어줄 것에 대한 부탁(딤후 1:8-2:13), 거짓 교사들에 대한 경고(딤후 2:14-

19), 말세의 특징(딤후 3:1-9), 마지막 권면—근신하며 고난을 받으며 직무를 다하라(딤후 4:1-5)과 바울 자신의 승리의 고백(4:6-8)등을 담고 있다.

존 스토트(John Stott)는 본 서신의 메시지는 1장—복음을 지키라는 부탁(1:14), 2장—복음을 위하여 고난을 받으라는 부탁(2:3,8,9), 3장—복음 안에 계속 거하라는 부탁(3:13,14), 4장—복음을 전파하라는 부탁(4:1,2)으로 요약할 수 있다고 말하면서 "바울은 복음에 관한 그의 사중의 명령—복음을 지키라는 명령(왜냐하면 그것이 한없이 귀한 보물이기 때문이다), 복음을 위하여 고난받으라는 명령(왜냐하면 그것이 교만한 자들에게는 거침돌이 되기 때문이다), 복음 안에 계속 거하라는 명령(왜냐하면 그것은 하나님의 진리이기 때문이다), 그리고 복음을 전파하라는 명령(왜냐하면 그것은 구원의 좋은 소식이기 때문이다)—을 디모데에게 명하고 있다"고 설명하고 있다.[60)]

본 서신에서는 인간의 구원이 우리 자신의 선행이나 행위로서가 아니라 하나님의 은혜로 얻어진다는 것을 명백히 밝히고 있으며(딤후 1:9), 성경이 하나님의 영감으로 쓰여졌다는 것을 강조하고 있다: "모든 성경은 하나님의 감동으로 된 것으로 교훈과 책망과 바르게 함과, 의로 교육하기에 유익하니"(딤후 3:16).

---

60) John R. W. Stott, *Guard the Gospel (디모데후서 강해)*, 김영배 역, 엠마오, 1985, p. 165.

19. 디도서: 디모데전서의 축소판(가장 짧은 목회서신-가치있는 그리스도인의 행실)

(1) 저작 배경:

디도는 바울로부터 시리아의 안디옥에서 복음을 듣고 안디옥 교회의 그리스도인으로 순수한 헬라인(갈 2:3, 딛 1:4)개종자였다.[61] 그는 바울과 바나바와 함께 예루살렘에 올라갔을 때 유대주의자들에 의해 할례받기를 강요당했지만, 바울의 반대로 할례를 받지 않았다. 이것은 믿음으로 구원받는 진리가 율법을 준수하므로 구원받는다는 거짓 가르침에 의해 왜곡되지 않게 하기 위한 것이었다(갈 2:3-16).

그 후, 사도 바울의 3차 전도여행 동안에 바울은 디도를 고린도 교회에 보내어 여러 가지 어려운 문제들을 해결하게 했으며, 후에 디도는 마게도냐에서 바울을 만나(고후 7:5-7) 고린도교회의 상황을 보고했고, 예루살렘 교회를 위한 헌금을 모으는 일을 위하여 자원하여 고린도에 가면서 고린도후서의 서신을 전달하였다(고후 8:6-24).

나중에, 바울이 1차 로마의 감옥에서 석방된 후에 디도는 바울과 함께 그레데에서 전도하는 중 이 곳에 남겨져 장로들을

61) Merrill C. Tenney, op. cit., p. 386.

세우고 교회를 돌보는 일을 하게 되었는데(딛 1:5), 이 시기에 전달된 편지가 본 서신이다. 본 서신을 받은 후 바울이 2차로 투옥되었을 때 디도는 그레데를 떠나서 달마디아(오늘날의 유고슬라비아)로 가서 복음을 전한 것으로 알려지고 있다(딤후 4:10). 전통에 의하면, 이 후에 디도는 다시 그레데로 돌아와서 그레데 교회의 감독으로 목회하다가 94세의 나이에 별세했다고 한다.

(2) 저작 시기 및 장소:

사도 바울이 1차 로마에서의 투옥에서 석방된 후 주후 66년경에 마게도니아에서 기록된 것으로 보고 있다.

(3) 특징 및 내용:

바울을 대신하여 그레데 섬에서 사역하고 있는 제자요 동역자인 디도에게 목회의 지침을 알리고자 쓴 편지이다. "바울은 디도에게 바른 교훈을 주장하고 고상한 도덕적 표준을 견지하며 그리스도인다운 사회적 행실을 가르치라고 명하였다."[62] 본 서신은 목회서신들 중에 가장 짧은 목회서신이지만 다음과 같은 기독교 신앙의 중요교리들을 다루고 있다—선택(1:1), 영

62) D. Edmond Hiebert, *The Expositor's Bible Commentary: 디도서*, 기독지혜사, 1983, p. 448.

생(1:2, 3:7), 그리스도의 메시야성과 신성(1:3,4, 2:13), 하나님의 은혜(2:11), 구원의 보편적 성격(2:11), 그리스도의 재림(2:13), 대속적 속죄(2:14), 전적 타락(3:3), 하나님의 자비와 사랑(3:4-5), 삼위일체의 의미(3:4-6), 중생(3:5), 성령의 인격과 사역(3:5), 칭의(3:7), 상속권(3:7).

존 스토트(John Stott)는 본 서신은 그리스도인의 삶의 3가지 주된 상황 즉, 교회(1장), 가정(2장), 세상(3장)을 다루고 있다고 말하면서, "교회(1장)에서 그리스도인 지도자들은 거짓 교사와는 대조적으로 사도적인 믿음을 전하고 또 자신이 전하는 대로 행해야 한다. 가정(2장)에서 각 구성원은 과거와 미래의 그리스도의 나타나심을 생각함으로 힘을 얻어, 이 세대에서 의무들을 충실히 감당해야 한다. 그리고 세상(3장)에서 양심적인 그리스도인의 시민생활은 성부, 성자, 성령의 삼위 하나님이 우리를 위해 이루신 위대한 구원으로부터 자발적으로 흘러나오는 것이어야 한다. 따라서 교리는 의무를 고무하고, 의무는 교리를 장식한다. 교리와 의무는 결혼관계에 있다. 그들은 결코 갈라져서는 안 된다"라고 설명하고 있다.[63)]

본 서신은 디모데전서와 그 내용이 비슷하여 디모데전서의 축소판이라고 불리워지고 있는데, 디모데전서에서는 바른 교

---

63) John Stott, *The Message of 1 Timothy & Titus (디모데전서, 디도서 강해)*, 김현희 역, IVP, 1998, p. 296.

훈을 강조하고 있는 반면에, 본 서신에서는 가치있는 그리스도인의 행실을 강조하고 있다.[64]

---

64) Ibid.

20. 히브리서: 그리스도의 우월성(그리스도의 대제사장직)

(1) 저작 배경:

주후 1세기의 유대인 그리스도인들 가운데는 메시야이신 예수 그리스도 안에서의 구원을 믿고 있었음에도 불구하고 율법준수에 집착하면서, 신앙이 성장하지 못하고 이전의 상태로 되돌아갈 배교의 위험에 놓여 있었던 자들이 있었다. 그래서 본 서신의 저자는 유대인 그리스도인들이 그리스도에 대한 믿음을 끝가지 지켜나갈 수 있도록 하기 위하여 예수 그리스도로 말미암는 온전한 구원을 설명하기 위하여 예수 그리스도의 독자적인 탁월성을 여러 측면에서 드러내 보여주고자 기록되어진 것이다.

히브리서와 요한 1서는 저자와 수신자의 이름이 서신의 서론 부분에 언급되지 않은 신약성경 가운데 유일한 서신들이다. 따라서 본 서신의 저자에 대하여 3세기의 신학자 오리겐(Origen)은 "실제로 누가 그 서신을 저술했는지는 오직 하나님만이 아실 뿐이다"라고 말한바 있다.[65]

마틴 루터는 아볼로(Apollos)가 행 18:24-26을 근거로 본 서신의 저자라고 생각하였는데, 초대교회 당시 알렉산드리아는 교육중심 도시였고, 그 곳 출신인 아볼로가 헬라어를 능숙하게 표

65) Merrill C. Tenney, op. cit., p. 410.

현하는 것을 배웠을 것이고 알렉산드리아에서 번역된 구약 히브리어성경의 번역본인 70인역을 사용하여 본 서신을 기록하였을 것으로 주장한바 있다. 그러나 이 주장의 문제점은 초창기의 여러 세기에 걸쳐서 본 서신의 저자로서 아볼로에 대한 언급이 없었다는 것이고, 오히려 주후 200년경에 알렉산드리아의 클레멘트(Clement)가 본 서신의 저자로 바울을 언급하고 있다는 점이다.[66] 그러나 주후 4세기의 유세비우스가 히브리서의 저자를 바울로 언급하였지만 동시에 어떤 사람들은 히브리서를 바울서신에서 제외시키고 있다는 사실도 지적을 한바 있다.[67]

그 후 여러 세기동안에 사람들은 바울의 저작설을 받아들여왔지만 본 서신의 문체와 언어가 바울의 것과 다르고, 그리스도의 제사직에 관한 교리는 바울서신에서는 나타나지 않을 뿐 아니라 본 서신 2장 3절에서 본 서신의 저자자신은 주님에게서 직접 복음을 듣지 않고 주님에게서 들은 자를 통해서 들은 사람들 중의 한 사람으로서 자신이 제 2세대의 그리스도인인 것을 밝히고 있기 때문에 사도 바울이 본 서신의 저자가 될 수 없다는 결정적인 증거라고 볼 수 있다. 왜냐하면 바울은 다메섹 도상에서 직접 예수님의 음성을 들었을 뿐만 아니라 그 후

---

66) Simon J. Kistemaker, *New Testament Commentary: Exposition of the Epistle to the Hebrews*, (Grand Rapids: Baker Book House, 1984), pp. 6-7.

67) 박형용, *히브리서*, 도서출판 햇불, 2003, p. 28.

에도 예수님께서 그에게 말씀하셨기 때문이다(행 18:9-10, 22:18-21). 또한 갈라디아서 1장 11절과 12절에서 사도 바울 자신은 사람에게서 복음을 들은 것이 아니라 예수님에게서 직접 계시를 받은 것이라고 말을 하고 있기 때문이다.

터툴리안(Tertullian)은 주후 225년경에 바나바(Barnabas)가 본 서신의 저자였다고 말하면서 바나바는 사도행전 4장 36-37절에 언급된 대로 레위인으로서 레위인의 제사직에 대해서 잘 알았을 것이고, 구브로 출신이었기 때문에 헬라어를 잘 구사할 수 있었고 그 당시 교회의 형편을 잘 알고 있었기 때문에 본 서신을 쓸 충분한 자격을 갖춘 사람으로 생각을 하였다. 그러나 이 주장 역시 정경 역사상 어떤 증거나 지지도 가지고 있지 않는 가설에 지나지 않는 것이다.[68]

하르낙(Adolph von Harnack)은 그 남편 아굴라(Aquila)와 함께 아볼로를 가르쳤던 브리스길라(Priscilla)(행 18:26)가 본 서신의 저자라고 생각하면서, 본 서신에서 저자의 이름이 생략된 것은 그 당시 남성 위주의 시대였기 때문에 본 서신이 폭넓게 읽혀지게 할 목적으로 여성 저자인 자신의 이름으로 밝히지 않고 기록하게 되었다고 나름대로 설명하고 있다.[69] 그러

---

68) Simon J. Kistemaker, op. cit., p. 8.
69) Leon Morris, *The Expositor's Bible Commentary: 히브리서*, 기독지혜사, 1983, pp. 507-508.

나 본 서신 11장 32절에서 저자가 "내가 무슨 말을 더 하리요 ... 내게 시간이 부족하리로다"라고 말하면서 그 자신에 대하여 남성 분사를 사용하고 있기 때문에 브리스길라가 본 서신의 저자가 될 수 없는 것이다.

본 서신의 수신자는 유대인 그리스도인들인데, 히 13장 24절에서 "이달리야에서 온 자들도 너희에게 문안하느니라"는 구절에 근거하여 로마에 있는 한 특정 공동체에 보낸 편지로 보고 있다.[70] 그러나 본 서신의 저자가 수신자를 구체적으로 명시하지 아니한 것은 여러 교회들에 보편적으로 전달하고자 하는 서신인 것을 나타내기 위함이었을 것이다.

(2) 저작 시기:

본 서신 가운데서 제사제도를 현재시상으로 표현하고 있고(히 7:8, 9:6, 9:13, 13:10), 성전이 아직 서 있는 것으로 기록(히 9:8)되고 있는 점 등을 고려하여 주후 70년 예루살렘 멸망 이전에 기록된 것으로 볼 수 있고, 더욱이 로마의 클레멘트가 클레멘트 1서 속에 히브리서를 인용한 것으로 보아 본 서신은 클레멘트 1서가 쓰여진 주후 95년보다 훨씬 이전에 기록된 것으로 보아야 한다.

---

70) Ibid., p. 17.

또한 본 서신 13장 23절에 저자가 알고 있는 디모데가 놓인 것을 언급하고 있는 것을 볼 때 디모데의 생존기간에 본 서신이 기록된 것으로 보아야 한다. 전설에 의하면 디모데는 도미시안 황제 때(주후 81-96) 96년 이전에 순교했다고 하는데,[71] 이것이 사실이라면 본 서신은 아무리 늦어도 주후 96년 이전에 기록된 것으로 보아야 할 것이다. 이상의 사실들을 고려하여 본 서신의 기록 시기를 주후 70년 직전으로 보는 학자들이 많다.[72] 그러나 키스터 메이커(Kistemaker)는 본 서신의 저자가 수신자들이 이전의 때에 견디어 내었던 박해에 대한 언급(히 10:32-34)은 네로 황제 때의 박해(주후 64-68년)를 가리키는 것으로 보고, 이 박해가 지난 후인 주후 80년대 초에 기록되었다고 언급한다.[73]

(3) 특징 및 내용:

본 서신은 배교로 특징 지워지는 불신앙과 불순종의 시대를 살아가는 그리스도인들에게 믿음 가운데 굳게 서야한다는 특별한 메시지를 가지고 있다. 본 서신의 저자는 수신자들이 유대교로 다시금 되돌아가는 것을 막기 위하여 구약의 여러 인물들 보다 예수 그리스도가 탁월하시다는 것을 다음과 같이

71) 이종윤, *신약개론*, 개혁주의 신행협회, 1989, p. 523.
72) 로버트 H. 건드리, *신약개론*, 김일우 역, 엠마오, 1993, p. 585.
73) Simon J. Kistemaker, op. cit., p. 16.

강조하고 있다: ①예수님은 선지자들보다 탁월하심(1:1-3)－선지자들을 통해서 온 계시는 간헐적이요 단편적인 것인 반면에 그리스도 안에서 계시가 완성되어졌다. ②예수님은 천사들보다 탁월하심(1:4-2:9)－천사들은 바람으로, 불꽃으로 쓰임받는 도구에 지나지 않으며, 어떤 천사도 독생하신 아들로 불리워지지 않고 경배되지도 않는다. ③예수님은 모세보다 탁월하심(3:1-6)－예수님은 집지은 자가 집 그자체보다 위대한 것과 같이 위대하시며, 아들이 종보다 위대하신 것과 같이 위대하신 분이시다 ④예수님은 아론의 제사장직보다 탁월하심(4:14-10:18)－제사장은 인간과 하나님 사이에 다리를 놓아주는 자로서 하나님께로 가는 길을 열어주는 사역을 희생제물을 드리는 것으로 담당하는 자이다(히 5:1, 8:3). 그러나 예수님은 세상의 모든 제사장들과는 달리 무죄하신 분으로 자기의 죄를 위하여 희생을 드릴 필요가 없으며(히 5:3, 7:27), 날마다 반복하여 제물을 바칠 필요가 없는 분이시다(9:25, 10:1-2). 예수 그리스도는 짐승의 피를 취하지 아니하시고 자신의 몸을 단번에 드림으로써(7:27), 영원한 속죄를 완성하시고 하늘의 성소에 들어가신 분이시며(9:12, 24, 28, 10:12-14), 그는 맹세없이 되어진 레위계통의 제사장이 아니라 하나님 자신의 맹세로 더 좋은 언약의 보증이 되셨고(7:20-22), 멜기세덱의 반차를 쫓은 영원한 제사장이시기 때문이다(6:20, 7:17). ⑤ 옛 계약보다 우

월하심(히 8:1-10:39)-모세계약은 오래된 것임에 틀림없고 곧 사라질 운명이 처해 있다(8:13). 그러나 예수 그리스도로 말미암는 새 계약은 온전하고 최종적인 죄 용서를 가져올 것이다(8:12). 히브리서 10장 26-39절은 새 계약의 특권들을 일축해 버린데 따르는 심각한 결과를 묘사하고 있다. ⑥이전의 믿음의 위인들보다 우월하심(히 11:1-12:29)-히브리서 11장의 믿음의 모델들을 통하여 그들이 하나님께서 약속하신 모든 것을 이 생에서 받지 못하였다는 것을 언급하면서, 11장 40절에서 "이는 하나님이 우리를 위하여 더 좋은 것을 예비하셨은즉 우리가 아니면 그들로 온전함을 이루지 못하게 하려 하심이라"고 말씀하고 있다. 즉 믿음의 공동체는 예수님께서 자신의 사역을 완성하신 후에 그를 따르는 자들이 이전 세대들의 신자들과 함께 그 공동체에 포함될 수 있게 될 때 까지는 완성될 수 없다는 것이다.

본 서신에서는 예수님을 ①시원자(始源者: 아르케고스)－새로운 길을 닦아 놓은 개척자이며(2:10, 12:2), ②선봉자(프로드로모스)－다른 사람들이 안전하게 따라올 수 있도록 앞서 길을 가는 자이며(6:20), ③중보자(메시테스)－사람과 하나님 중간에서 하나님을 인간에게로, 인간을 하나님에게로 중개하시는 분으로 묘사하고 있다(9:15, 12:24).

또한 본 서신은 기록될 당시에 이미 번역이 되어 있었던 구약 히브리어 성경의 헬라어 번역 성경인 70인역[74]에서 31번이나 인용하면서 서술해 나가고 있는데, 본 서신은 그리스도인들이 어떻게 구약성경을 해석해야 하는지에 대한 권위있는 해답을 주고 있다. 즉, 모든 구약성경은 예수 그리스도 안에서 성취되어졌으며 결국 예수님에게 귀착되어진다는 것을 암시해 주고 있다. 그리고 본 서신의 저자는 그의 수신자들이 하나님의 말씀에 더욱 주목해야 한다는 것을 반복적으로 권면하면서 광야에서 멸망당한 이스라엘 백성들은 그들이 들은 바 하나님의 말씀에 믿음으로 응답하지 않았기 때문이었음을 밝혀주고 있다(히 2:1, 4:2, 14).

---

74) 70인역(LXX, Septuagint)은 히브리어 구약성경을 헬라어로 번역한 성경으로 헬라 문화권에 거주하면서 헬라어를 사용하는 유대인들의 필요에 의해 주전 270년경에 번역된 최초의 번역본이다. 애굽왕 프톨레미 2세(주전 283-247)의 지시로 이스라엘 12지파에서 각 6명씩 72명의 학자들을 선정하여 이들을 알렉산드리아의 파로스 섬에 보내어 번역을 시작하게 했는데 72일만에 마쳤다고 한다. 신약 성경에서 인용하는 구약은 대개 70인역에서의 인용이다.

21. 야고보서: 믿음의 열매로서의 행함을 강조하는 서신(실천의 서신)

(1) 저작 배경:

본 서신의 저자로서 사도 요한의 형이요 12제자 가운데 한 사람인 세베대의 아들 야고보라는 견해가 있지만 그가 제자들 중에 최초로 헤롯 아그립바에 의해 일찍 순교당한 것(주후 44년경, 행 12:1-2)으로 보아 본 서신의 저자라고 보지 않으며, 예수님의 형제인 야고보가 본 서신의 저자로 보고 있다.

그는 주님의 동생들(야고보, 요셉, 시몬, 유다) 중에 가장 연장자였으며(마 13:55, 막 6:3), 부활하신 주님께서 특별히 만나주셨고(고전 15:7), 나중에 예루살렘 교회의 지도자가 되었으며(갈 1:19), 할례문제로 열린 예루살렘 공회의 의장으로 사회를 보았고(행 15:13, 21:18), 바울로부터 '교회의 기둥' (갈 2:9)이라는 말을 들었던 사람이다.

본 서신의 수신자는 "흩어져 있는 열두지파"(약 1:1)인데, 이는 팔레스타인 밖의 여러 이방나라에 흩어져 살고 있는 유대인 그리스도인들을 의미한다. 본 서신의 기록자가 주의 형제 야고보라고 할 때, 그는 예루살렘 교회의 지도자로서 스데반의 순교 이후에 일어난 박해기간 동안 예루살렘을 떠나야 했던 유대 그리스도인들에 대한 어떤 책임을 느끼고 멀리 떨어져 있는 목자로서 많은 어려움 중에 있는 모 교회 출신 그리스도인들에게 자신이 가르쳤던 교훈들을 전해 주고자 본 서신을 기록하였을 것이다.

한 걸음 더 나아가, 모든 그리스도인들은 참 고향인 하늘나라를 떠나 특수한 목적을 가지고 이 세상에 흩어져 살고 있는 참 이스라엘 백성들이요, 아브라함의 영적 후손이라고 본다면 (갈 3:29, 6:16, 롬 4:16, 빌 3:20, 히 11:13, 벧전 1:1, 2:11) 모든 시대에 부름 받은 그리스도인들에게 주어진 서신으로 보아야 할 것이다.

(2) 저작 시기 및 장소:

본 서신이 주의 형제 야고보의 기록이라고 할 때, 그가 순교(주후 62년)하기 직전 즉 60년대 초에 기록한 것으로 보는 견해와 본 서신에 이방인들도 할례를 받아야 한다고 주장했던 유대주의자들과의 논쟁을 언급하지 않고 있고, 본 서신에 나오는 교회직분이 선생(3:1)과 장로(5:14)뿐이고, 회당이 교회의 집회 장소로 묘사되고 있는 점 등을 들어서 예루살렘 공회(주후 49년) 이전의 초대교회의 초창기인 주후 45년에서 49년 사이에 기록된 것으로 보는 견해가 있다. 그러나 저자의 기록 목적에 따라 필요치 아니하여 생략될 수도 있다고 볼 수 있기에 일반적으로 주후 60년에서 62년으로 추정하는 견해가 우세

하다.

기록장소로는 본 서신의 저자 야고보가 부활하신 주님을 만난 이후로 예루살렘 밖으로 나갔다는 성경적인 언급이 없고, 본 서신 가운데 유대 팔레스타인의 기후조건이나 농작물들에 대한 암시들(약 1:11, 3:12, 5:7)을 고려하여 예루살렘에서 기록한 것으로 보고 있다.

(3) 특징 및 내용:

본 서신은 공동서신으로 어떤 개 교회나 개인에게 보내졌던 것이 아니라 보다 넓은 영역의 그리스도인들에게 보내졌던 회람서신으로 클록(F. B. Clogg)는 "야고보서는 바울의 믿음과 베드로의 소망과 요한의 사랑의 진수를 뽑아 모은 책"이라고 언급한바 있다.[75] 본 서신의 주제는 "시험에 대한 인내와 행함으로 입증되어야 하는 참된 믿음"인데, 이에 대한 실제적인 교훈을 주고 있다.

유대 율법주의에 대하여 이신득의의 교리를 강조하였던 바울의 가르침을 흩어진 유대인 그리스도인들이 오해하거나 혹은 아전 인수격으로 해석하여 그리스도께 대한 신앙을 고백하지만 그에 합당한 신앙의 열매를 맺지 못하므로 믿음에 부합

75) 신성종, *신약총론*, 예수교문서선교회, 1977, p. 265.

되는 실천이 없는 형식적인 신앙생활의 잘못된 경향에 대하여 믿음과 행함이 일치되어지는 올바른 신앙생활을 깨우쳐 주고자 본 서신을 기록하게 된 것이다. 그러므로 바울서신과 야고보서는 서로 모순되는 대조적인 관계가 아니라 상호 보완적인 관계에 있다고 보아야 할 것이다. 왜냐하면 믿음과 행함은 마치 나무와 열매의 관계와 같아서 밀접하게 연관된 하나이고, 상호 분리될 때 아무런 의미가 없기 때문이다. 따라서 본 서신은 칭의의 단계의 다음 단계인 성화의 단계를 실제적으로 삶에 적용시켜주고 있는 서신이다. 사실 로마서의 기록목적도 믿음으로 순종의 자리에 나아가도록 하기 위해서 복음이 전파되어진다는 사실을 서론부분(롬 1:5)과 결론부분(롬 16:26)에서 분명히 밝히고 있다. 따라서 본 서신에서 그리스도인의 삶의 목표는 온전하게 되고 아무 것도 부족한 것이 없게 되는 것임을 밝히고 있다(약 1:4).

본 서신의 내용은 다음과 같다: ①시험과 시험에 대처하는 방법(1:2-4) ②지혜와 그것을 얻는 방법(1:5-8) ③부와 그것을 얻는 방법(1:9-11)④시험과 유혹의 구별(1:12-15) ⑤좋은 은사(1:16-18) ⑥들음과 행함(1:19-27) ⑦공평무사(2:1-12) ⑧선행(2:14-26) ⑨ 가르치는 자에게 필요한 자질-a. 혀를 제어함(3:1-12), b. 참된 지혜(3:13-18) ⑩여러가지 위험들-a. 인간의 정욕(4:1-10), b. 비방(4:11-12), c. 경솔한 확신(4:13-17) ⑪부한

압제자들에 대한 경고(5:1-6) ⑫피압제자에 대한 격려(5:7-11) ⑬맹세에 대하여(5:12) ⑭기도의 능력(5:13-18) ⑮미혹에 빠진 자들을 도움(5:19-20).

22. 베드로전서: 박해 하에 있는 그리스도인들을 위로하기 위한 격려의 서신

(1) 저작 배경:

본 서신의 저자 베드로는 요나(요한)의 아들(마 16:17, 요 1:42, 21:15-17)이며, 베드로의 히브리식 이름은 시므온(행 15:7, 14)이고, 헬라식 이름은 시몬(막 1:16, 29, 36)이다. 예수님께로부터 '게바' 라는 별명을 받았는데(요 1:42), 게바는 아람어로 '바위' 라는 뜻이며, 베드로는 '게바' 를 헬라어로 번역한 것이다. 신약성경에서 베드로를 4가지 이름(시므온, 시몬, 게바 , 베드로)으로 호칭하고 있다.

그는 벳세다 출신(요 1:44)으로 어부였고 그의 집은 가버나움에 있었으며, 이곳에서 고기잡이를 하면서 살았다(막 1:21, 29). 그는 결혼을 했으며(마 8:14, 막 1:30, 눅 4:38) 교회를 방문할 때 아내를 데리고 다녔다(고전 9:5). 그의 동생 안드레는 세례요한의 제자들 중의 한 사람이었는데(요 1:35-42), 안드레가 베드로를 예수님께 데려갔다. 그는 주후 42년경 헤롯 아그립바 1세에 의해 투옥되었지만 교회 구성원들의 간절한 기도의 응답으로 천사의 도움을 받아 기적적으로 석방되었고(행 12:1-17), 예수님의 예언대로(요 21:18-19) 네로 황제때 주후 68년경에 로마에서 십자가에 거꾸로 매달려 순교한 것으로 전해지고 있다.

본 서신의 수신인은 본도, 갈라디아, 갑바도기아, 아시아, 비두니아에 흩어져 있는 나그네들이다. 이 4지역들은 모두 소아시아의 북동쪽에 위치하고 있으며 오늘날의 터키 북쪽 지역에 해당되어진다.[76] 본 서신의 수신 지역들은 로마에서 기록된 본 서신을 실라가 이태리 항구를 출발하여 소아시아 북동부에 있는 시노페(Sinope) 항구에 도착하여 이 4지역들을 순서대로 방문한 후에 다시 시노페 항구를 통하여 로마로 되돌아 올 수 있는 그런 순서로 지역명칭이 기록되어있다고 보아진다.

76) 초대교회 당시 로마의 행정구역으로 본도와 비두니아는 한 주로 되어있기 때문에 행정구역상으로는 4지역으로 보아야 하기 때문이다. 그런데 본서에서 5지역으로 언급하고 있는 것은 본 서신이 도착하게 될 지역들을 순서대로 기록했기 때문으로 볼 수 있다.

본 서신의 수신인들이 주로 이방인 그리스도인들이었다는 것은 본 서신중에 그들의 이전 상태가 육욕과 호색을 좇던 자들이었고(1:14, 4:3-4), 전에는 백성이 아니더니 이제는 하나님의 백성이라고 하는 언급(2:9-10)에서 보여지고 있다.

본 서신은 베드로가 보낸 서신이지만 실제 기록한 사람은 실루아노였음을 밝히고 있다(벧전 5:12). 실루아노는 예루살렘 회의에서 "형제들 중의 지도자"의 한 사람이었고, 안디옥교회에 회의의 결정 사항을 전하도록 선출된 두 사람 중의 한 사람이었다(행 15:22, 27). 그는 바울의 2차 전도여행의 동반자로 함께 사역했는데, 로마시민이었고, 선지자였다(행 16:37, 15:32). 실라는 히브리식 이름이며 실루아노는 로마식 이름이다.

(2) 저작 시기 및 장소:

저작 장소는 "바벨론에 있는 교회가 문안한다"(벧전 5:13)는 언급을 근거로 초대교회 당시 로마를 상징적인 용어로 바벨론으로 불렀던 것(계 14:8, 18:2)으로 보아 로마에서 기록된 것으로 보고 있다. 따라서 저작 시기는 베드로의 생애 말년인 주후 62년에서 64년경에 기록된 것으로 볼 수 있다.[77]

---

77) Edwin A. Blum, *The Expositor's Bible Commentary (베드로전서)*, 기독지혜사, 1983, p. 93.

(3) 특징 및 내용:

본 서신은 고난과 박해 가운데서 그리스도인들이 진리에 굳게 서서 하나님께 순종하며 선을 베푸는 삶을 살아갈 수 있도록 위로하고 격려하기 위해서 기록되어진 것이다. 그리스도인들은 예수 그리스도의 부활로 말미암아 하늘에 속한 산 소망을 가진 자들로서 주님 때문에 받는 고난을 기뻐하고 인내하면서 선을 행하는 삶을 살아가므로 믿음으로 승리해야 할 것을 권면하고 있다(2:12). 따라서 본 서신은 그리스도인들을 핍박하는 사회에서 그리스도인들이 어떻게 살아가야 할 것인지에 대한 해답을 주고 있다. 본 서신에 '고난' 이라는 단어가 16번 나타나고 있으며, 예수님은 '어린 양' (1:19), '산 돌' (2:4), '너희 영혼의 목자와 감독' (2:25), '목자장' (5:4)으로 표현되고 있다.

베드로전서와 베드로후서는 모두 교회에 가해지는 위협을 다루고 있는데, 사단은 교회에 박해로 사자처럼 다가올 수 있으며(베드로전서), 또는 거짓교리와 이단사상으로 뱀처럼 다가올 수 있음(베드로후서)을 드러내 보여주고 있다.

23. 베드로후서: 경계 혹은 경고의 서신(The Epistle of Watch or Warning)

(1) 저작 배경:

본 서신은 교회 안에 교묘히 스며들고 있는 내부적인 향락주의(벧후 2장), 재림을 부인하는 이단사상(벧후 3장), 거짓교사(벧후 2:1-3) 등을 경계하고 믿음을 지키도록 권면하기 위하여 기록된 것이다.

본 서신 초두에서 "우리 하나님과 구주 예수 그리스도의 의를 힘입어 동일하게 보배로운 믿음을 우리와 같이 받은 자들에게"(벧후 1:1) 라고 수신자를 언급하면서 벧후 3장 1절에 "사랑하는 자들아 내가 이제 이 둘째 편지를 너희에게 쓰노니"라고 말하고 있는 점을 미루어볼 때 베드로전서의 수신자인 소아시아의 본도, 갈라디아, 갑바도기아, 아시아, 비두니아에 있는 이방인 그리스도인들에게 보낸 것으로 볼 수 있을 것이다.

(2) 저작 시기 및 장소:

베드로전서를 기록한 후에, 베드로가 순교하기 직전인 주후 64년에서 68년경에 기록된 것으로 보고 있으며, 저작 장소는 베드로전서가 로마에서 쓰여 졌고, 베드로가 로마에서 순교하였다는 사실을 고려해 볼 때 본 서신도 로마에서 기록된 것으로 추정하고 있다.

(3) 특징 및 내용:

베드로전서는 초대교회가 직면한 외부적 위기(박해문제)를 다루었다면, 베드로후서는 교회가 직면한 내부적 위기(이단문제)를 다루고 있는 서신이다. 베드로전서는 "고난에 대한 위로"를 주기 위함이고 베드로후서는 "거짓교사에 대한 경고"를 주기 위함이다. 그러므로 본 서신은 심판의 준엄성을 강조하고 있다.

"베드로전서의 핵심주제가 고난(suffering)이라면 베드로후서의 핵심주제는 지식(knowledge)이다."[78] 본 서신에서 '알다'와 '지식'이라는 단어가 16번 나타나고 있는데, 본 서신에서 언급하고 있는 지식은 "성령으로 말미암는 참된 지식"을 의미하는 것으로 이단사상의 잘못된 지식과는 다른 성격을 지니고 있다.

또한 본 서신은 성경의 영감에 대한 중요한 언급이 있는데 성경만이 가지고 있는 독특한 성격에 대하여 "먼저 알 것은 경의 모든 예언은 사사로이 풀 것이 아니니 예언은 언제든지 사람의 뜻으로 낸 것이 아니요 오직 성령의 감동하심을 입은 사

---

78) Merrill C. Tenney, op. cit., p. 423.

람들이 하나님께 받아 말한 것임이니라" 고 설명하고 있다(벧후 1:20-21). 따라서 거짓교리와 이단사상에 대항하여 싸우기 위한 유일한 무기가 바로 하나님의 진리의 말씀인 것을 강조하고 있다.

또한 재림을 부인하는 이단 사상에 대하여 주님이 재림하시는 주님의 날에는 천지가 뜨거운 불에 의해 녹아내릴 것이라는 언급(벧후 3:10-13)을 하고 있으며, 그리스도인의 개인적 믿음은 정체되어서는 안되며 계속하여 끊임없이 "구주 예수 그리스도의 은혜와 저를 아는 지식에서" 자라가야 할 것을 명령하므로 마무리를 하고 있다(벧후 3:18).

본 서신에서 경계해야 할 거짓교사들의 특징은 ①그들은 성경을 자신들이 원하는대로 왜곡하여 해석하는 자들이었고(벧후 1:20), ②자기들을 값주고 사신 주를 부인하고 끝내는 멸망을 자초한 자들이며(벧후 2:1), ③그들은 방탕한 생활을 했기 때문에 기독교의 이름을 더럽혔던 자들이었고(벧후 2:2), ④그들은 탐욕으로서 교회를 이용하여 이를 얻는 자들이었으며(벧후 2:3), ⑤그들은 사람이라기보다 짐승에 가까운 자들이었고(벧후 2:13-22), ⑥그들은 그리스도인의 주님의 재림에 대한 신앙을 조롱하는 자들이었다(벧후 3:3-15).

본 서신은 유다서와 그 내용에 있어서 가장 많은 공통점을 가지고 있는데, ①거짓 선지자(벧후 2:1-3, 유 4), ②범죄한 천사(벧후 2:4, 유 6), ③소돔 고모라의 멸망(벧후 2:6, 유 7), ④천사와의 비교(벧후 2:10-12, 유 8-10), ⑤발람의 길(벧후 2:15, 유 11), ⑥물없는 샘과 구름(벧후 2:17, 유 12), ⑦사도의 말씀을 기억할 것(벧후 3:2, 유 17), ⑧기롱하는 자(벧후 3:3, 유 18) 등으로 유다서의 25절 가운데 15절이 부분적으로나 전체적으로 베드로후서와 유사하다고 볼 수 있다. 그러나 유다서 1:1-3, 19-25의 내용과 유다서의 3중 구조와 유다서에서 외경에서 인용한 것들은 베드로후서에는 나타나지 않고 있다.

24. 요한일서: 기독교 윤리의 서신(사랑과 진리의 서신)

(1) 저작 배경:

본 서신 1장 1절에서 성육신하신 예수님을 생명의 말씀으로 언급한 것과 요한복음 1장 1절에서 예수님을 말씀으로 소개하고 있는 것은 동일한 언급이며 또한 본 서신 1장 1절에서 생명의 말씀이신 예수님을 직접 대면하였다는 언급 등은 본 서신의 저자가 요한복음의 저자와 동일한 인물임을 암시해 주고 있다.

리용(Lyon)의 감독이었고 초대교회 교부인 이레니우스(Irenaeus)(주후 140-203년경)는 사도요한이 본 서신을 기록한 것으로 언급하고 있으며 무라토리안 정경(Muratorian Canon)[79]에서도 그렇게 증거하고 있다.[80] 알렉산드리아 학파의 오리겐(Origen)(주후 185-254년경)도 본 서신이 사도 요한이 기록한 것으로 언급하면서 자주 인용하였다.[81]

---

79) 주후 170년경에 작성된 문서로 이 문서를 발견한 루도비코 무라토리(Ludovico Muratori)라고 하는 이탈리아 역사가이자 사서의 이름을 따서 붙여진 이름으로 이 문서는 정경으로 인정된 책의 이름들을 소개하고 있으며, 각권의 저자, 내용, 신빙성, 기록경위와 목적을 설명하고 있는 가장 초기의 신약성경 목록으로 알려져 있다.

80) Glenn W. Barker, *The Expositor's Bible Commentary (요한 1서)*, 기독지혜사, 1983, p. 194.

81) Donald Guthrie, *New Testament Introduction*, 나용화, 박영호 역, 기독교 문서선교회, 1988, p. 852.

사도 요한은 예수님께서 승천하신 후 예루살렘 교회의 기둥 가운데 한 사람으로서(갈 2:9) 예루살렘에 머물러 있다가 주후 70년 티투스(Titus)에 의해 예루살렘 성전과 도시가 함락되고 유대민족이 멸망하기 직전에 이곳을 떠나 에베소에 와서 에베소 교회를 중심으로 사역을 하는 가운데 요한 1, 2, 3서를 기록하였고, 도미시안(Domitian) 황제(주후 81-96년)때 일어났던 박해로 인하여 주후 95년에 밧모섬에 유배를 당하므로 그 섬에서 그 당시 핍박과 압제를 당하고 있던 그리스도인들을 격려하기 위하여 요한계시록을 기록하였으며, 그 후에 다시 돌아와 이레니우스에 의하면 트라잔(Trajan)황제 재위기간(주후 98-117년)까지 에베소 교회에 머물러 있었다고 전하고 있다.[82)]

본 서신의 수신자들은 본 서신 5장 21절에서 "자녀들아 너희 자신을 지켜 우상에서 멀리하라"는 언급을 고려해 볼 때, 소아시아 지역의 이방인 출신의 그리스도인들로 보고 있다.

(2) 저작 시기 및 장소:

이레니우스(Irenaeus)는 본 서신의 집필장소가 아시아였다는 것을 다음과 같이 진술하고 있다: "그 후 주님의 품에 기대어 누웠던 주의 제자 요한 자신이 그의 복음서를 기록했으며

---

82) David Jackman, *The Message of the John's Letters (요한서신 강해)*, 김일우 역, IVP, 2003, p. 13.

그때 그는 아시아의 에베소에 살고 있었다."[83] 가스리(Guthrie)는 요한복음서의 저작이 주후 90-95년경으로 보면서 본 서신서는 이보다 약간 후대에 기록된 것으로 보고 있다.[84] 데이비드 잭맨(David Jackman)은 주후 85-95년경에 기록된 것으로 말하고 있다.[85]

(3) 특징 및 내용:

본 서신은 거짓 교사들의 위협과 위험으로부터 그리스도인들을 보호하고 거짓 교리를 반박하고 영생에 대한 확신을 가지도록 권면할 목적으로 기록되어진 것이다(2:26, 5:13). 왜냐하면, 사도 요한이 에베소에서 사역할 당시 주변 교회들에 거짓교사들로 말미암아 이단적인 분파가 생겨났기 때문이었다. 이들은 초기 형태의 영지주의 사상을 가진 자들로서 영은 선하지만 물질은 악하다는 이원론에 의하여 예수님의 인성과 성육신을 부정하는 자들이었는데, 여기서 나온 잘못된 교리가 바로 가현설(Docetism)[86]이었다.

---

83) Glenn W. Barker, op. cit., p. 194.

84) Donald Guthrie, op. cit., p. 871.

85) David Jackman, op. cit., p. 13.

86) 그리스도는 실제 인간이 아니라 인간처럼 보였을 뿐이며 그리스도의 영은 예수님이 세례받기 전까지는 그 안에 거하지 아니했고 십자가에서 죽기 전에 떠났다는 것으로 그리스도의 육체적 부활과 그리스도께서 참 인간이신 동시에 참 하나님이시라는 신인양성 교리와 그리스도의 고난의 실제와 유효성을 부인하는 결과를 가져 왔다.

이들은 예수님이 그리스도이시며 하나님의 아들이라는 사실을 부인하였고(2:22, 5:1,5), 그리스도께서 육체로 임하셨다는 사실을 부인했으며(4:2, 요이 1:7), 예수님의 명령에 주어지는 권위를 부인하였고(2:4), 인간에게 죄가 있다는 사실을 부인하였으며(1:8, 10), 그리스도의 사역을 통한 구원을 부인하였고(2:2), 서로 사랑하라는 절대적인 요구를 부인하였으며(2:9), 하나님과의 교제의 필수조건으로서의 의로운 행실을 부인하였고(1:6, 2:29, 3:6, 10), 예수님과 같이 살아야 할 필요성을 부인하였다(2:4, 6, 3:7).

본 서신에서는 하나님의 빛 가운데서 행하는 것(1:1-2:14)과 하나님의 진리를 실천하는 것(2:15-3:10, 4:1-6)과 하나님의 사랑 안에서 살아가는 것(3:11-24, 4:7-21)과 하나님의 승리를 나누는 것(5:1-21)에 대하여 설명해 주고 있다.[87] 본 서신에서는 "우리가 안다"(오이다멘, 기노스코멘)는 단어가 13번이나 나올 정도로 그리스도인들에게 확신을 가져다주기 위해 기록된 서신이다.

또한 본 서신에서는 "사랑"(18회), "사랑하다"(28회), "사랑하는 자들이여"(6회) 등으로 신약성경 27권 중 사랑과 관련된 어구가 52회로 가장 많이 나타나고 있는 성경이며, "진리"(8

87) David Jackman, op. cit., p. 22.

회), "참된, 진실한, 진실로"(7회) 등의 단어가 15회 정도 등장하고 있다(동일한 저자 사도요한이 기록한 요한복음에서는 "사랑, 사랑하다"라는 단어가 37회 정도 나타나며, "진리, 참된, 진실로"라는 단어가 56회 정도 나타나고 있다).

25. 요한이서: 교제의 원리에 관한 서신

(1) 저작 배경:

거짓 교사들로 인해 어려움을 당하고 있는 그리스도인들에게 도움을 주기 위하여 기록된 것으로 전통적으로 본 서신의 저자도 요한 1서와 함께 사도 요한으로 보고 있다. 본 서신의 수신자는 "택하심을 입은 부녀와 그의 자녀"(the chosen lady and her children)이다. 어떤 학자들은 이 "택하심을 입은 부녀"는 기독교 공동체 즉 교회에 대한 은유적인 표현으로 보고 있다. 이렇게 본다면 "그의 자녀"는 교회에 속한 성도들을 가리키는 것이 되어질 것이다.

(2) 저작 시기 및 장소:

요한 1서와 거의 같은 시기로 사도 요한이 밧모 섬에 유배된 주후 95년 이전인 주후 90년에서 95년경에 요한 1서의 기록 직후에 에베소에서 기록된 것으로 보고 있다.

(3) 특징 및 내용:

그리스도의 인간성을 무시하는 거짓교리의 위험성과 진리 안에 거해야 할 필요성을 드러내 보여주고 있으며, 영지주의에 속한 거짓교사들과는 교제를 끊고 상종도 하지 말아야 할 것을 촉구하고 있다(요이 10). 그러므로 그리스도인들은 진리 안에서 사랑을 실천하는 자들이 되어야 하며, 거짓된 가르침을 전하는 이단들을 단호히 배격해야 한다는 것이다. 왜냐하면 이단에 속한 거짓교사나 그 가르침을 용납하고 관용하는 것 자체가 그들의 행위에 참여하는 것이 되어지기 때문임을 밝히고 있다. 본 서신에서는 이단 세력들을 "미혹하는 자", "적그리스도"라고 부르고 있다(요이 7).

26. 요한삼서: 선교활성화를 위한 서신

(1) 저작 배경:

요한 2서와 요한 3서는 단어나 문체, 그리고 사상이 매우 비슷하고 요한 1서 3장 6절과 요한 3서 11절은 "범죄하는 자는 하나님을 알지 못한다"는 동일한 표현 등을 보아 요한 1, 2, 3서는 동일한 저자로 사도 요한이 기록한 것으로 보고 있다.

(2) 저작 시기 및 장소:

본 서신 역시 사도 요한이 밧모 섬에 유배당한 주후 95년 이전과 요한 2서를 기록한 직후인 주후 90년에서 95년 사이에 에베소에서 기록한 것으로 보고 있다.

(3) 특징 및 내용:

본 서신은 순회교사(선교사)에 대한 접대문제를 다루고 있는 서신으로 가이오라고 불리우는 잘 알려진 성도가 복음 전도자들의 여행을 도운 사실에 대하여 감사를 표시하면서 이같은 선한 일을 계속하도록 격려하고, 이와는 반대로, 순회하는 복음 전도자들에게 좋은 대접을 베푼 자들을 출교시키려까지 하면서 교회를 잘못 주장하고, 요한에 대하여 부당하게 비난

하면서, 으뜸되기를 좋아하는 교만한 디오드레베의 그릇된 행동을 경고하고 그것을 본받지 말고 선한 것을 본받으라고 가르치고자 기록된 것이다. 또한 본 서신을 전달한 순회교사로 추측되는 데메드리오를 천거하여 가이오에게 접대를 부탁하고, 사도 요한 자신의 방문 계획을 알리고자 하는 부차적인 목적을 가지고 기록되어진 것이다.

특별히 본 서신의 1절에서 8절까지는 선교를 목적으로 순회하는 선교사들을 하나님께 합당하게 보내어야 하는 선교사 후원과 파송의 중요성을 생생하게 보여주고 있다. 그리스도인들이 기도와 물질과 시간과 그 밖의 여러 가지 방법으로 선교사들을 실질적으로 후원할 때 하나님께서 영광을 받으시고, 그리스도인 자신의 영혼이 잘 되며 진리를 위해 함께 수고하는 동역자가 되어진다는 사실을 가르쳐 주고 있다(요삼 8절). 본 서신 6절에 "하나님께 합당하게 저희를 전송한다"는 것은 선교사를 탁월하게 후원하라는 것을 의미하고 있다.[88] 그러므로 본 서신 2절의 "사랑하는 자여 네 영혼이 잘됨 같이 네가 범사에 잘되고 강건하기를 내가 간구하노라"는 3가지 축복은 가이오와 같이 진리 안에서 행하는 자(3-4절)와 가이오처럼 복음을 전하는 선교사를 적극적으로 돕는 자(5-7절)에게 약속되어진

---

88) John Piper, *Let the Nations be Glad!:The Supremacy of God in missions*, (Grand Rapids: Baker Books, 1993), p. 227.

축복인 것이다. 따라서 본 서신은 "선교활성화를 위한 매우 중요한 책" 이다.[89)]

89) 김병국, *설교자를 위한 공동서신강해*, 이레서원, 2004, P. 303.

27. 유다서: 거짓교사들에 대한 경고와 정통신앙의 사수를 촉구하는 서신[90)]

(1) 저작 배경

본 서신 1절에서 "예수 그리스도의 종이요 야고보의 형제인 유다"라고 저자자신을 소개하고 있기 때문에 신약에서 야고보와 관련된 유다는 두 사람을 들 수 있는데 (1) 야고보의 아들 유다(눅 6:16, 행 1:13)로서 그는 12 제자들 중 한사람이었으며 다대오로 알려지고 있다(마 10:3, 막 3:18 요 14:22). (2) 야고보의 형제요 예수님의 형제였던 유다(마 13:55, 막 6:3)가 있는데, 야고보의 형제로서 신분을 밝히고 있는 점으로 보아 예수님의 동생인 유다가 본 서신을 기록한 저자로 결론지을 수 있다.

만일에 본 서신의 저자 유다가 자신을 사도라고 소개했다면, 본 서신의 저자는 야고보의 아들 유다로 확인되어 졌을 것이지만, 본 서신가운데서 저자는 "너희는 우리 주 예수 그리스도의 사도들의 미리 한 말을 기억하라"(17절)고 말하므로 자신을 사도로부터 구별시키고 있기 때문에 저자라고 볼 수 없는 것이다.

본 서신에서 유다가 야고보의 형제로 자신을 소개하고 있는

---

90) 본 서신에 관한 설명은 저자의 저서 "*유다서 강해와 설교* (도서출판 영문)"의 서론부분을 발췌한 것으로 유다서에 대한 상세한 연구는 이 저서를 참고하라.

것은 야고보가 예루살렘 교회의 지도자와 야고보서의 저자로서 알려져 있었기 때문일 것이다. 복음서에서 요셉과 마리아의 아들들을 야고보, 요셉, 시몬, 유다로 소개하고 있는 것을 볼 때(마 13:55, 막 6:3), 본 서신의 저자인 유다는 야고보의 막내 동생으로서 본 서신의 저자가 되어진 것이다.

본 서신을 기록한 유다와 그의 다른 형제들은 예수님의 지상 사역 기간 동안에는 예수 그리스도의 신성과 메시야 되심을 믿지 않다가(요 7:5), 예수님께서 부활하신 후에 믿게 되었으며(고전 15:7), 예수님의 승천이후에 마가 요한의 다락방에 함께 참여하여 기도하였고 성령의 충만을 체험하게 되었다(행 1:14).

유다는 원래 본 서신의 수신자들에게 그들이 공통으로 가지고 있는 구원[91]에 관하여 그들에게 말하려고 했다(3절). 그러나 거짓교사들과 이단의 세력들이 교회 안에 교묘히 침투해 들어와서 그리스도인들의 믿음을 위협하고 있다는 소식을 접하고서는 이들을 대항하여 성도들에게 "단번에 주신 믿음의 도"(원문상으로 "단번에 위탁된 그 믿음"[92])를 위하여 싸울 것

91) "모든 그리스도인들이 참여하고 있는 구원"이라는 의미이다.

92) 여기에 "믿음"은 주관적인 믿음이 아니라 객관적인 믿음 즉 "기독교의 교리" 혹은 "사도들이 가르치고 선포했던 복음"을 뜻한다. 따라서 "단번에 위탁된 그 믿음"이란 복음진리가 시간이 지나감에 따라서 첨가되어진 것이 아니라 일회적으로 처음부터 완성되고 확정된 내용으로 더 이상의 첨가나 변동이 있을 수 없는 최종적인 성격을 지니고 있음을 암시해 주고 있다.

을 신자들에게 촉구하는 내용의 서신을 기록하게 되어진 것이다(4절).

유다서에서 드러내 보여주고 있는 배교자들에 대하여 키스터메이커(Simon J. Kistemaker)는 다음과 같이 언급하고 있다. "이 사람들은 2세기의 영지주의[93] 교사들로 동일시되어져서

93) 영지주의(Gnosticism)란 지식(知識:Knowledge)을 뜻하는 그노시스(γνωσις)란 말에서 유래한 사상으로 교부들은 사도행전 8장에 나타나는 마술사 시몬(Simon)이 첫 영지주의자였다고 말하고 있다[Sinclair B. Ferguson, David F. Wright and J. I. Packer (ed), *New Dictionary of Theology*, (Downers Grove, Ill.: InterVarsity Press, 1988), p. 272.]. 이것은 유대교 및 기독교가 헬레니즘과 접촉하는 과정에 생겨난 혼합 주의의 이단사상이었다. 지식에 의한 구원을 약속한 철학이었는데, 이 지식은 "자기의 진정한 자아와 신적 세계에 있는 자신의 집, 그리고 그리로 돌아가는 것에 대한 지식"을 의미한다[Everett Furguson, *Backgrounds of Early Christianity (초대교회 배경사)*, 박경범 역, 은성, 1993, p.299.]. 플라톤의 이원론 사상 즉 보이지 않는 이데아(Ideas)의 세계와 보이는 물질세계로 나누어서 물질세계는 이데아의 세계의 그림자에 지나지 않는다고 하는 사상이 1세기 영지주의의 기초를 형성하였다[Robert H. Gundry, *A Survey of the New Testament*, (Grands Rapids: Zondervan Publishing House, 1970), p. 36.]. 이의 영향으로 영지주의에서는 영혼은 선하며 물질은 악하다고 생각하였다. 여기서 두 가지 유형의 영지주의 즉, 금욕적 영지주의(the ascetic gnostic)와 자유주의적(쾌락적) 영지주의(the libertine gnostic)가 생겨나게 되었다. 첫 번째 유형은 육체의 욕망이 악한 물질과 결합하기 때문에 육체의 정욕을 억눌러야 한다는 금욕주의(asceticism)이며, 두 번째 유형은 물질은 실재하지도 중요하지도 않기 때문에 육체의 욕망을 만족시켜야 한다는 성도덕상의 자유주의(libertinism) 혹은 쾌락주의(sensualism)이다[Gundry, op. cit.]. 이 두 번째 유형의 영지주의가 육적 방종과 방탕의 결과를 가져오게 되었다고 볼 수 있다.

영지주의자들은 물질이 악한 것으로 생각하였기 때문에 육체의 부활도

는 안 된다. 유다의 저작과 2세기 영지주의자들의 기록들 간의 간격은 너무 크다. 더욱이 유다가 이단적인 가르침들에 관한 몇 가지 일반적인 진술들을 다 자란 영지주의를 언급하는 것으로 이해해서는 안 된다. 요컨데, 우리는 유다가 그의 서신에서 드러내고 있는 이상으로 이 이단들에 관하여 알지 못한다. 우리가 최대한 말할 수 있는 것은 그들이 교회를 괴롭힌 후기 이단들의 선구자들이었다는 것이다."[94] 마이클 그린(Michael Green) 역시 베드로후서와 유다서에서 다루고 있는 이단은 영

혐오스러운 것으로 부인하였으며, 이 영지주의 사상에서 형성되어진 잘못된 교리가 바로 초대 교회 당시 그리스도의 환상설(Docetism)이었다. 이 학설은 그리스도의 참된 인간성을 부정하고 그리스도의 고난과 인성을 비실재적인 것으로 생각하는 이단사상으로, 여기에 대하여 A. D. 151년 칼케돈(Chalcedon) 회의에서 예수 그리스도는 "참 하나님이시고 참 인간이시다"라고 규정하였다(요1서 4:2-3). 이에 반해, 대부분의 영지 주의자들은 그리스도는 참으로 성육신 되지 않았고, 십자가상에서 고난당하지 않았다고 주장한다.

영지주의에 대한 성경적 반론은 요한복음 서론(1장 1-18절)과 요한 1서 1:1-2, 4:1-3에서 찾아 볼 수 있으며, 바울서신인 골로새서 2장 8절과 21절에 잘 나타나 있다. 영지 주의에 대한 경고의 구절로서 딤전 6:20에 "거짓되이 일컫는 지식의 망령되고 허한 말과 변론을 피하라"와 딤전 4장 3절-5절을 들 수 있다. 특별히 신약 성경 중 골로새서는 금욕적 영지주의에 대한 경고의 메시지를 담고 있고, 유다서는 자유주의적 영지주의에 대한 경고를 담고 있는 것으로 이해되어지고 있다. 이 영지주의는 주후 3세기 초에 이르는 동안 로마제국 내의 교회들을 위협하였던 매우 위험한 이단사상이었다.

94) Simon J. Kistemaker, *New Testament Commentary: Exposition of the Epistles of Peter and of the Epistle of Jude*, (Grand Rapids: Baker Book House, 1987), p. 358.

지주의(Gnosticism)의 초기형태로 보고 있다.[95)]

윌리엄 바클레이(William Barclay)는 이 배교자들의 특징을 3가지로 언급하고 있다:

① 그들은 무법주의자들이다(4절, 7절, 8절, 10절, 12절, 16절)－이들은 은총을 악용하는 자들로 짐승과 같은 본능에 의해 이끌림을 받고 있으며, 도덕은 더 이상 의무일 수가 없다고 주장한다.

② 이들은 하나님과 예수 그리스도를 부인하는 자들이다(4절)－하나님의 유일성을 부인하며, 예수그리스도를 홀로 하나이신 주시며, 왕으로 생각하지 않는다. 예수 그리스도는 이들에게 있어서 하나님과 인간 사이에 존재하고 있는 수많은 영체(aeon)중 하나에 지나지 않으며, 영지주의자들이 생각하고 있듯이 영적인 사람들(프뉴마티코이)은 예수 그리스도처럼 훌륭하게 될 수 있다고 생각하며, 어떤 자들은 예수 그리스도 보다 더 훌륭하여 하나님과 직접 결합할 수 있다고 믿었다. 이들은 교회 안에 계급을 구분해 놓고 지적인 자들(영적인 자들)만이 하나님과 친교를 가질 수 있다고 하여 친교의 범위를 좁혀 놓았다.

---

95) Michael Green, *Tyndale New Testament Commentaries: 2 Peter and Jude,* (Grand Rapids: Eerdmans, 1968), p. 37.

③ 이들은 권위[96]를 업신여기며, 영광[97]을 훼방하는 자들이다(8절)－권위있는 자와 영광있는 자는 천사의 무리를 상징하는 유대인 특유의 단어인데 따라서 이들은 천사들을 부정하고 모욕하는 자들이다. 만일 천사장 미가엘이 악한 천사 마귀를 향해 아무런 책망도 하지 않았다면 어떤 인간도 천사들을 훼방할 수 없다는 것을 본문은 언급하고 있는데, 이들 이단자들은 천사들을 공격하여 말하기를 천사들은 무지하고 거만한 창조의 신의 종(하급 창조신의 사자들)이여서 그리스도인은 이 천사들과 어떤 일도 할 수 없다고 말했을 것이다.[98]

본 서신의 수신자에 관하여는 유다서의 내용으로서는 원래 수신자들이 누구인지를 알 수가 없다. 그러나 본 서신의 독자들이 구약성경의 내용들을 익히 아는 것으로 저자가 언급하고 있는 것으로 보아 본 서신의 수신자들이 기독교 신앙으로 개종한 유대인 개종자들이었다고 추측할 수 있을 것이다. 왜냐하면 짧은 25절 의 서신 속에 출애굽 사건(5절), 천사들의 반역

---

96) "권위"란 "주인으로서의 권리, 지배권, 통치권"을 의미하는 단어로서 하나님의 권위를 업신여기는 것을 의미한다. 따라서 권위를 업신여기는 것은 예수 그리스도의 신적 권위와 그의 통치권을 부인하는 행동을 뜻한다.

97) 헬라어 성경에는 "영광들"이라는 복수 형태로 기록되어 있다. 이 단어는 하나님의 보좌를 둘러싸는 천사들을 묘사하는 단어이다. "훼방한다"는 것은 "비난하다, 욕하다, 중상하다"는 뜻이다.

98) William Barclay, *The Letter of John and Jude (요한 유다서)*, 박근용 역, 기독교문사, 1974, pp. 249-259.

(6절), 소돔과 고모라의 멸망(7절), 그리고 구약의 악인들로 알려져 있는 가인, 발람, 그리고 고라(11절)의 사건들, 더 나아가, 1세기에 널리 통용되고 있는 유대문헌들인 외경 에녹 1서와 모세의 승천기(The Assumption of Moses)를 잘 알고 있음을 암시해주고 있기 때문이다(9, 14절).

에드윈 브럼(Edwin A. Blum)은 더 구체적으로 다음과 같이 말한다. "수신인은 매우 일반적으로 '부르심을 입은자 곧 하나님 아버지 안에서 사랑을 얻고 예수 그리스도를 위하여 지키심을 입은 자들(1절)' 이라고 서술되어 있기 때문에, 우리는 유다가 많은 교회에 본 서신을 회람시키고자 했음을 추측할 수 있다. ... 보통 소아시아, 시리아의 안디옥 혹은 심지어 팔레스타인까지도 추정되고 있다."[99] 반트(Want), 해리슨(Harrison), 거스리(Guthrie)는 시리아의 안디옥을 수신지로 보고 있다.[100]

(2) 저작 시기 및 장소

키스터메이커(Kistemaker)는 "만일에 유다가 요셉과 마리아의 어린 아들들 중 하나라면(마 13:55, 막 6:3), 우리는 1세기의 4분의 3에 해당되는 시기(75년경)로 보는 것이 무난할 것이

---

99) Edwin A. Blum, *The Expositor's Bible Commentary: Jude*, Vol. 12, (Grand Rapids: Zondervan Pub., 1981), pp. 383-384.

100) Green, op. cit., p. 48.

다"라고 언급하고 있다.[101] 존 맥아더(John MacArthur)는 유다가 경건치 못한 자들에 대한 하나님의 심판의 예로서 예루살렘의 멸망(A.D. 70)을 사용하지 않고 있는 것을 보아 본 서신이 그 이전에 기록되었을 것으로 보고 있다. 그래서 베드로의 죽음과 예루살렘의 멸망 사이에 기록된 것으로 추정하므로 주후 68-70년으로 말하고 있다.[102] 거스리(Guthrie)는 유다서가 주후 65년과 80년 사이에 기록되어진 것으로 보고 있으며, 에드윈 브럼(Edwin A. Blum)은 주후 60-65년경으로 보고 있다.[103]

본 서신의 기록 장소에 대해서도 본 서신은 아무런 암시를 주지 않고 있다. 존 맥아더는 그의 형제 야고보가 예루살렘 교회를 이끌고 있었기 때문에 유다가 순회설교자로서 여러 지역을 여행했다고 할지라도 예루살렘이 그의 주된 근거지로 볼 수 있기 때문에 여기서 기록된 것으로 추측해 볼 수 있다고 말하고 있다.[104]

(3) 특징 및 내용

본 서신에 관하여 로우스톤(Douglas J. Rowston)은 "신약성

101) Kistemaker, op. cit., p. 359.

102) John MacArthur, *The MacArthur New Testament Commentary: 2 Peter & Jude*, (Chicago: Moody Publishers, 2005), pp. 143-144.

103) Blum, op. cit., p. 383.

104) MacArthur, op. cit., p. 144.

경에서 가장 경시당한 책(the most neglected Book in the New Testament)"이라고 말하고 있는데,[105] 그 이유로는 서신의 간략성, 정경에 속하지 않은 유대교 문서들의 인용, 거짓교사들과 이단들의 오류에 대한 불같은 비난 등을 들 수 있다.[106] 모팻(Moffatt)은 본서를 "교회를 일깨우는 불의 십자가"라고 불렀다.[107] 그 이유는 본 서신이 그 시대 교회에 이미 침투한 거짓교사들의 정체와 그들의 악행들을 낱낱이 폭로하면서 거침없는 논리로 논박하고 있기 때문이다.

맥스웰 코더(S. Maxwell Coder)는 "유다서는 모든 하나님의 말씀 가운데 유일하게 그리스도께서 재림하시기 전 기독교계에 닥쳐올 대규모의 배도에 관해 전적으로 다루고 있는 책이다"라고 말하면서 "25절로 이루어진 이 간략한 메시지는 성경학도들에게 요한 계시록에 나타난 묵시적 심판들을 소개해 주는 요한계시록 입문서이다"라고 본 서신의 특징을 언급하고 있다.[108]

"유다의 목적은 변증적(polemical)인 것 같다. 그의 서신의 주요부분에서(4-19절), 그는 신자들에게 그들의 공동체에 침

105) D. J. Rowstone, "The Most Neglected Book in the New Testament," *New Testament Studies* 21, 4 (1975): pp. 554-563.
106) Blum, op. cit., p. 384.
107) Barclay, op. cit., p. 245.
108) S. Maxwell Coder, *Jude: The Acts of the Apostates (유다서)*, 김원광 역, 나침판, 1987, p. 13.

입해 들어온 배교자들을 반대하도록 가르친다. 그는 이러한 하나님을 부인하는 자들의 유해한 영향에 대해서 그들에게 경고하고 주요 진리들을 그들에게 가르친다. 배교는 항상 불신앙에서 출발하여 교만으로 나아가게 되어지고, 마지막에는 정욕에 사로잡히게 되는 무절제한 삶을 전락되고 만다는 것을 보여주고 있다.

비록 간결하지만, 그는 많은 기독교교리들을 다룬다. 이것들은 부름을 받은 자들의 선택(1절), 믿음을 위해 싸우는 자들의 견인(3, 21절), 믿지 않는 자에 대한 최후의 심판(4, 6, 7, 11, 15절), 영원한 보장(1, 21, 24절), 구원(3절), 그리고 신자들의 영생(21절)에 관한 것들이다."[109]

본 서신은 모든 그리스도인들에게 적용되어져야 하는 엄중한 경고의 메시지를 가지고 있는데, 이는 오늘날의 그리스도인들도 그 당시와 동일한 교리적, 실천적 오류들에 빠질 위험들을 갖고 있기 때문이다. 그러므로 본 서신이 경고하는 내용 그대로 모든 그리스도인들은 그리스도의 주되심을 부인하고 육체적 정욕을 난잡하게 추구한다거나, 권위를 대적하고, 당을 지으며, 이기주의에 사로잡혀 살아가는 이런 함정에 빠지지 않도록 경계해야만 할 것이다.

109) Kistemaker, op. cit., p. 356.

(4) 본 서신의 문장구성

본 서신을 기록해 나감에 있어서 유다는 그의 독특한 3중 방식(threefold pattern)으로 배열해 나가고 있는 것은 어떤 다른 서신에서도 찾아볼 수 없는 것으로 본 서신만이 가지고 있는 특이한 전개방법이라고 볼 수 있다. 다음의 내용들은 유다서가 가지고 있는 독특한 3중 구조를 보여주고 있다.

1절: 참된 그리스도인: (1) 부르심을 입은 자 (2) 하나님 아버지 안에서 사랑을 얻은 자 (3) 예수 그리스도를 위하여 지키심을 입은 자

2절: 참된 그리스도인에게 약속된 축복: (1) 긍휼 (2) 평강 (3) 사랑

3절: 본서신의 총 주제 및 서론
("사랑하는 자들"로 수신자들을 첫 번째로 호칭하고 있으며, 본문 17절에서 두 번째로 호칭하고 있고, 본문 20절에서 세 번째로 호칭하므로 동일한 호칭을 3회 사용하므로 호칭사용에 있어서 3중 구조로 되어 있음)

4절: (1) 경건치 아니하여–불신앙
(2) 하나님의 은혜를 색욕거리로 바꾸고–정욕
(3) 홀로 하나이신 주재 곧 우리 주 예수 그리스도를 부인하는 자–교만

5절–7절: 5절 (1) 광야에서 멸망당한 이스라엘 백성들–불

신앙

6절 (2) 타락한 천사들—교만

7절 (3) 소돔 고모라 사람들—정욕

8절: (1) 육체를 더럽히며—정욕

(2) 권위를 업신여기며—교만

(3) 영광을 훼방하는도다—불신앙

9절: 참된 교사와 참된 그리스도인이 따라야할 예(1)—천사장 미가엘(연대기 순으로 소개하고 있는데, 9절에서 소개되고 있는 천사장 미가엘의 존재가 연대기적으로 가장 앞서며, 그 다음으로 14절에 소개되는 창세기에 나타나는 에녹, 그리고 17절에 소개되고 있는 사도들의 3가지 예를 들고 있다)

10절: (1) 알지 못하는 것을 훼방—불신앙

(2) 성령의 일들에 관한 더 고상한 지식으로 나오라고 불렀을 권위가 멸시 당함—교만

(3) 이성없는 짐승같이 본능으로 아는 그것으로 멸망당함—정욕

11절: (1) 가인의 길—불신앙

(2) 발람의 어그러진 길—정욕

(3) 고라의 패역을 좇아 멸망당함—교만

12절-13절: 이중 3중 구조로 되어있음

(1) 애찬의 암초—정욕

(2) 자기 몸만 기르는 목자—정욕

(3) 바람에 불려가는 물 없는 구름—불신앙

(믿음으로 역사가 일어나는데 불신앙의 사람은 물 없는 구름과 같은 존재이다)

(4) 죽고 또 죽어 뿌리까지 뽑힌 열매 없는 가을나무—불신앙

(5) 수치의 거품을 뿜는 바다의 거친 물결—교만

(6) 캄캄한 흑암에 돌아갈 유리하는 별들—교만

14절-15절: 참된 교사와 참된 그리스도인이 따라야할 예(2)—아담의 칠세손 에녹

(1) 주께서 임하셨다(예언적 과거)

(2) 경건치 않은 행위들을 심판하심

(3) 주께 거스려 행한 모든 강퍅한 말들을 심판하심

16절: (1) 원망하는 자며 불만을 토하는 자

(원망 즉 불평을 하는자—원망과 불평은 하나임)—불신앙

(2) 그 정욕대로 행하는 자—정욕

(3) 그 입으로 자랑하는 말을 내며 이를 위하여 아첨하는 자

(자랑과 아첨도 하나로 통하는 것으로 자랑하는 자

가 아첨도 잘함)—교만

17절-18절: 참된 교사와 참된 그리스도인이 따라야할 예 (3)—예수 그리스도의 사도들

19절: (1) 당을 짓는 자—교만

(2) 육에 속한 자—정욕

(3) 성령은 없는 자—불신앙

(성령으로 하지 아니하고서는 예수님을 주시라 할 수 없음)

20절-21절: 하나님의 사랑 안에서 자신을 지켜라

(1) 지극히 거룩한 믿음위에 자신을 건축하면서—불신앙의 반대 즉 믿음

(2) 성령으로 기도하면서—정욕의 반대 즉 성령의 인도와 통제

(3) 우리 주 예수 그리스도의 긍휼을 기다리면서—교만의 반대 즉 겸손

22절-23절: (1) 의심하는 자—불신앙

(2) 불에 있는 자—교만

(3) 더럽힌 옷을 입고 있는 자—정욕

24절-25절: (1) 하나님께—1) 떨어짐으로부터 너희를 능히 지킬 수 있는 자

2) 그의 영화로운 존재 앞에 너희

를 흠 없이 그리고 큰 기쁨으로

서게 하실 자

3) 우리 구주 홀로 하나이신 자

(2) 영광과 위엄과 권력과 권세가—예수 그리스도로 말미암아

(3) 만고 전부터 이제와 세세에

28. 요한계시록: 성경전체의 결론의 서신(예배의 완전한 회복을 보여주는 예배의 책)

(1) 저작 배경:

본 서신의 1장 1절이 보여주듯이 사도 요한에 의해서 기록되어진 것으로 본 서신은 신약성경 27권 중 유일한 예언서로 신구약 성경 전체를 마감하는 마지막 서신으로 그 독특한 위치를 가지고 있다.

사도 요한 당시의 그리스도인들에 대한 로마제국의 박해는 과거 어느 때보다도 더욱 심각한 형편에 놓이게 되었는데, 로마의 도미티안 황제는 스스로를 신이라고 주장하면서 자신을 "주와 하나님(Lord and God)"으로 부를 것을 요구하였고, 이 고백을 로마제국과 황제에 대한 충성심을 확인하는데 사용하였다.

이런 상황 하에 사도 요한이 사역하였던 소아시아에도 황제숭배의 칙령이 내려졌고, 에베소에는 황제숭배를 위한 신전이 세워지므로 그리스도인들은 황제숭배를 강요받게 되어졌는데, 이를 거절하였던 그리스도인들은 핍박의 대상이 되어졌고 극심한 박해로 순교를 당하게 되어졌다. 이러한 정치적인 박해 가운데 위협을 느끼고 있었던 그리스도인들을 향하여 배교하지 않는 신앙의 정절을 지켜 나갈 것을 권면하고, 또 미래의 상황에 대해 어떻게 대처해 나가야 할지 몰라 당황하고 있었던 초대교회 그리스도인들에게 하나님의 계획을 보여주므로 위로와 용기와 소망을 주기 위한 메시지로 주어진 것이 바로 요한 계시록의 예언의 말씀인 것이다.

일차적으로 본 서신은 소아시아의 7교회들에게 보내진 것이며(계 1:4), 이 7교회들은 모든 시대의 교회들의 대표로 볼 수 있기에, 그 시대에 박해 하에 있던 모든 교회들과 하나님의 구속역사가 완성되기까지 지상에서 영적 싸움을 싸워야 하는 오고 오는 시대의 모든 주님의 교회들에 주어진 마지막 예언서로 보아야 할 것이다.

(2) 저작 시기 및 장소:

전통적으로 본 서신은 도미티안(Domitian, 주후 81-96) 황제의 치세 기간 중 밧모 섬으로 유배를 당했던 사도 요한이 밧모 섬에서 천사로부터 계시를 받아 주후 95년경에 기록한 것으로 보고 있다.

(3) 특징 및 내용:

창세기가 시작의 책으로 창조와 역사의 시작을 보여주고 있다면 요한 계시록은 세상과 역사의 종말에 있을 사건들을 보여주는 책으로서, 종말 사건의 핵심인 예수 그리스도의 재림을 정점으로 재림 이전에 있을 환난과 마지막 심판과 재림 이후에 있을 신천신지의 도래 과정을 연속적으로 보여주고 있는 예언서이다.

본 서신은 인간 역사의 진정한 주관자는 예수 그리스도이심을 분명하게 보여주면서 가장 강력하게 재림하실 예수님의 사역에 초점을 맞추고 있다. 따라서 "계시록은 신약의 어떤 책보다 하나님의 주권을 잘 보여준다. 보좌에 앉으신 하나님과 그가 받으시는 경배에 관한 이상은 이 땅의 환경을 넘어 하늘과 땅의 주님을 보게 해주고, 하나님만이 찬양과 헌신을 받으시기에 합당하신 분이심을 상기시켜준다."[110]

또한 박해와 환난에 대한 교회의 궁극적인 승리와 인류의 원수 사단의 최후 멸망을 가르쳐 주면서, 천국생활의 본질이 찬양과 경배인 것을 깨우쳐 주고 있다. 그러므로, 본 서신은 구속사역의 완성으로서의 예배의 완전한 회복을 보여주고 있는 예배의 책이다. 요한계시록 전체에 예배의 용어가 많이 나타나고 있다. "경배하다(프로스키네오)"라는 예배 전문 단어가 24회 나타나고 있으며, 찬양하다(19:5), 감사(5:12-13, 7:12), 감사하다(11:17), 노래하다(5:9, 14:3, 15:3), 영광(4:9, 11,12, 11:13, 14:7, 16:9, 19:7), 영광을 돌리다(15:4, 18:7), 기도(5:8,

---

110) D. A. 카슨, 더글라스 J. 무, 레온 모리스, *신약개론*, 노진준 역, 은성, 1993, p. 555.

8:3-4), 아멘(1:6,7, 3:14, 5:14, 7:12, 19:4)이라는 예배와 관련된 용어들이 많이 나타나고 있으며, "할렐루야"라는 용어는 신약에서 유일하게 계시록 19장 1,3,4,6절에서만 나타나고 있다.

바우캄(R. Bauckham)은 요한계시록의 전체 주제는 참 예배와 거짓 예배를 구분하는 것으로 언급하고 있다. 사도 요한은 인류를 하나님을 경배하는 자와 용을 경배하는 자로 구분하고 있다. 본 서신은 지상에서 영적으로 전투하고 있던 초대교회의 예배의 모습을 암시해 주는 동시에 승리한 천상교회의 예배를 보여주고 있다. 따라서, "요한계시록의 예배는 모든 피조물을 상징하는 네 생물과 신약과 구약의 모든 교회를 상징하는 24장로가 천사와 더불어 드리는 우주적 예배이다."[111]

계시록이 보여주는 천상의 예배는 요한 계시록 전체의 문학적 신학적 내용을 구성하고 있다. 본 서신에 나타나는 주요 사건들 모두가 찬송을 동반하고 있는 것을 볼 수 있다. 이 천상의 예배는 박해 중에 있는 본 서신의 수신자들에게 흔들리지 않는 믿음과 최종 승리에 대한 소망과 확신을 얻을 수 있게 하였던 것이다. 따라서 본 서신은 히브리서를 제외하면 가장 예전적인 책이라고 말할 수 있다.

특별히 본 서신의 수신자들은 박해로 인하여 황제 숭배와 같은 거짓 예배 대상자들을 숭배할 위험에 처해 있었다. 로마의

---

111) 송영목, *신약신학*, 생명의 양식, 2008, p. 495.

통치하에 있었던 소아시아를 위시하여 지중해 연안의 모든 지역에 살고 있었던 사람들에게 요구되어진 이 황제숭배에 참여하지 아니할 경우에는 공직 임명이나 승진기회에서 제외되어졌으며, 법적인 보호를 받지 못했고, 경제적인 불이익을 감수해야만 했다. 그러나 주님의 보혈로 구속함을 받고 영원한 하나님 나라의 백성이 되어진 그리스도인들은 하나님을 거역하고 사람을 미혹하는 음녀 바벨론을 따를 것이 아니라, 전능하시고 영원히 통치하시는 창조주 하나님께만 경배하고 영광을 돌려야만 한다는 메시지를 던져 주고 있다(1:6, 5:8-14, 14:7, 22:9).

본 서신은 참된 예배는 단지 주일날에 교회당에서만 드리는 공 예배(Public Worship)에만 한정되는 것이 아니라 고난과 박해가 뒤 따르는 일상생활의 현장에서 그리스도의 신부로서 예언의 말씀을 듣고 지키는 삶 즉, 인내와 믿음으로 구별되고 의롭게 살아가는 삶 그 자체가 생활예배(Whole Life Worship)로서 하나님이 기뻐 받으시는 예배인 것을 깨우쳐 주고 있다(계 13:10, 22:7, 10-15, 18). 또한 요한 계시록은 "모든 시대의 공예배는 그리스도를 통하여 온 우주를 통치하시는 하나님의 현재적 구원과 복을 경험하는 시간인 동시에 복음의 대적에게는 심판을 초래하게 하는 사건" 임을 가르쳐 주고 있다.[112]

---

112) Ibid., p. 494.

그리고 요한계시록은 그리스도인은 결코 이 세상의 화려한 세속문명에 현혹되어 타락의 자리에 나아가서는 안되며, 영적으로 깨어 사명자의 삶을 살고 주의 재림을 준비하는 영적 순례자의 삶을 살아가야 함을 일깨워주고 있다.

"이 책의 부분적인 메시지는 배교의 유혹에 빠지지 않도록 경고하는 것이고, 또 핍박 가운데 있는 신자들에게 하나님이 그들의 편이심을 확신시켜 죽음에 이른다 할지라도 변절하지 않도록 격려하고자 함이며, 또한 그들에게 하늘에 상급이 있음을 확신시켜 계속해서 충성하도록 하게 하려 함이다. 동시에 그들을 대적하던 그 세력들은 하나님에 의해 심판을 받을 것이며 궁극적으로 완전히 멸망할 것임을 분명히 밝힌다. 그 대적자들을 심판함은 하나님의 백성들의 신원을 풀기 위해 반드시 있어야 하는 하나님의 승리의 한 부분이다. 매번 애써 훈계했음에도 불구하고 회개하기를 거부하는 박해자들의 반항에 대해 심각하게 강조하고 있다. 그 함축된 의미는 하나님이 그 대적들보다 훨씬 더 강하신 분이시므로 신자들은 최후 승리를 확신해도 된다는 것이다."[113)]

본 서신은 본 서신의 저자인 사도 요한이 기록한 것으로 알려지고 있는 요한복음과 유사한 표현과 용어를 사용하고 있

113) I. Howard Marshall, *New Testament Theology (신약성서 신학)*, 박문재, 정용신 역, 크리스챤 다이제스트, 2006, p. 713.

다. 즉 두 책 모두 그리스도를 지칭하기 위해 "말씀"(로고스)이라는 단어를 사용하고 있는데 이 용어는 요한의 문헌 외에는 전혀 사용되지 않은 것이다(요 1:1, 요일 1:1, 계 19:13). 또한 그리스도가 "어린 양"으로 표현되고 있는 것(요 1:29, 36, 계 5:6-8,12-13, 6:1,16, 7:9,10,14,17, 12:11, 13:8, 14:1,4,10, 15:3, 17:14, 19:9, 21:9,14,22,23,27, 22:1,3)과 그리스도의 선재성을 언급하고 있는 점(요 1:1, 8:58, 요일 1:1, 계 22:13)과 사단의 활동을 강조한 점(요 8:44, 13:2, 14:30, 요일 2:18,19, 요이 1:7, 계 2:10, 12:7-17, 20:1-10)과 성도의 궁극적 승리를 강조하고 있는 점(요 16:33, 요일 5:4,5, 계 7:1-17, 20:4, 22:14)과 "물", "샘" 등의 비유적 표현이 사용되고 있는 것(요 4:10이하, 14, 7:38, 계 7:17, 21:6, 22:17)과 하나님을 예배하기 위한 성전이 더 이상 필요치 않다는 암시(요 4:21, 계 21:22)와 만나에 대한 상징적인 언급(요 6:31이하, 계 2:17)이 나타나고 있으며, 두 책 모두 7이라는 숫자를 상징적으로 사용하고 있다는 점은 동일한 저자에 의해 기록되었다는 것을 어느 정도 암시해 주고 있다.[114] 그

114) 요한복음의 7표적들(요 2:1-11, 4:46-54, 5:1-9, 6:5-14, 6:16-21, 9:1-7, 11:1-44)과 "나는 --이다"라는 형식의 7가지 표현들(요 6:35, 8:12, 10:7,9, 10:11, 14, 11:25, 14:6, 15:1, 5)과 주님의 사역이 7일 동안 공개된 점(요 1:19-2:12)과 수난기사가 7일에 걸쳐 설명되고 있는 점과 요한계시록의 7 교회들(계 1:4), 7별, 7금 촛대(계 2:1), 7영(계 3:1), 7등불(계 4:5), 7인(계 5:1), 7뿔, 7눈(계 5:6), 7나팔(계 8:2) 7천사(계 8:2), 7우뢰(계 10:3), 7면류관(계 12:3), 7재앙(계

리고 요한복음에 일곱 차례나 나타나는 "나는 – 이다"라는 표현이 요한 계시록에도 나타나고 있다(계 1:8,17, 2:23, 21:6, 22:13,16).

요한 계시록에는 숫자적인 상징이 많이 나타나고 있다: 1은 존재의 독립성을 나타내는 것으로 하나님을 상징하고(1:8), 2는 나눔 혹은 분리를 나타내며(14:8), 3은 삼위일체를 의미하며 하늘의 수이고(4:8), 4는 동서남북을 가리키는 땅(세상)의 숫자이며(4:6, 5:8,9, 7:1,9), 5라는 수는 은혜를 가리키는 수이다. 그래서 하나님이 이스라엘 가운데 그의 은혜를 드러내 주신 회막에 사용된 것도 5라는 수가 압도적이다. 5는 4(피조물을 가리키는 수)에다 1(하나님을 가리키는 수)을 더한 것이다. 이것은 하나님께서 그의 손으로 만드신 작품에 그의 축복과 은혜를 더해 주신다는 의미이다.

6은 완전 수(7)에서 하나가 모자라는 수로서 "불완전, 실패"의 의미를 가지고 있는 사탄의 숫자이고(13:18), 7은 하나님의 수이자 완전수이며(16:17, 창 2:2), 따라서 계시록의 일곱 영은 성령을 의미한다(계 3:1, 4:5, 5:6). 8이란 수는 부활의 숫자이다. 예수님은 제 8일째(안식후 첫 날)에 부활하셨다. 따라서 8이란 숫자는 새로운 탄생, 새로운 출발을 나타내는 숫자

15:1), 7대접(계 16:1), 7머리(계 17:3), 7산(계 17:9), 7왕(계 17:10)의 표현들을 들 수 있다.

이다. 7이란 숫자가 온전함을 뜻하는 것이라면, 8은 "다시 시작한다"는 의미를 가지고 있다. 이는 첫 번째 창조에 해당하는 4숫자를 두배한 것이다. 주님과 니고데모와의 대화에서 "나다, 태어나다"라는 말이 8번 나타나고 있다(요 3:3-8). 또한 신자는 신의 성품에 참여하는 새로운 출생을 하게 되는데, 베드로후서 1장 5-7절에서는 믿음, 덕, 지식, 절제, 인내, 경건, 형제우애, 사랑의 8가지 덕성을 언급하고 있다. 또한 이스라엘의 2번째 왕이었던 다윗은 이새의 8번째 아들이었다(삼상 17:12-14). 시편 119편의 주제는 하나님의 말씀인데 이 시편은 히브리어 알파벳 순서를 따라 8절마다 하나의 문단으로 나누어져 있다. 시편기자가 8이라는 숫자를 반복적으로 사용하고 있는 것은 독자들로 하여금 하나님의 말씀만 있으면 어떤 상황에서도 다시 시작할 수 있다는 메시지를 주기 위함이라고 볼 수 있다.

10은 세속적 완전 수(12:3, 13:1, 17:3)로서 부족도 없고 모가 나지 않는 원만 수의 의미를 가지고 있다. 그리고 12는 택한 백성의 수(7:4, 5-8)로서 12,000은 12×1000을 한 것이고, 144,000은 12,000×12한 것이다. 이것은 택한 백성의 수 12를 원만 수 10을 100배한 수로 곱한 것은 택한 백성의 수가 많다는 사실을 암시해 주고 있다.

요한 계시록의 해석방법에는 다음 몇 가지 방법들이 있다:

① 과거적 해석방법－요한 계시록을 사도 요한 당시의 사건으로 이미 과거에 다 발생한 것으로 보는 관점으로 계시록이 미래를 내다보는 예언적인 요소가 있음을 전혀 인정하지 않는다. 대부분의 자유주의 학자들의 견해이기도 하다.

② 미래적 해석방법－이 견해는 1장-3장을 제외한 계시록에 있는 모든 환상을 이 세상 끝날에 그리스도의 재림 바로 전과 후의 기간과 관련있는 것으로 보는 관점으로 계시록의 첫 3장을 제외하고는 나머지를 모두 현 시대의 교회와 무관한 것으로 보고 있는 것이 문제점이라고 볼 수 있다. 과거적 해석방법과 반대되는 것으로 세대주의자들[115]과 역사적 전천년설[116]을

115) 세대주의(Dispensationalism)란 인간의 역사를 일련의 시대들로 나누어서 하나님께서 각 시대에 성취되어야 할 특정 목표를 계시하시고 그에 대해 인류가 신앙으로나 불신앙으로 반응을 보이는 것에 따라 인류를 대해 오셨다는 견해이다. 일반적으로 7시대를 언급하고 있는데 1. 무죄시대(타락 전의 아담), 2. 양심시대(아담부터 노아까지), 3. 인류통치시대(홍수부터 아브라함의 소명까지), 4. 언약시대(아브라함부터 모세까지), 5. 율법시대(모세부터 그리스도까지), 6. 은혜시대(오순절부터 휴거까지), 7. 천년왕국시대로 구분하고 있다. 세대주의자들은 성경의 문자적 해석을 고집한 나머지 성경자체가 때로는 다른 부분의 성경을 여자적이 아닌 영적으로 해석하고 있음을 간과하고 있는데 이 세대주의 신학은 하나님 나라의 현재성을 무시하고, 은혜의 영원성, 율법의 항구성을 무너뜨렸다는 비판을 받고 있다. 이 신학을 체계화하는 데는 다비(J. N. Darby)와 스코필드 관주성경(미국회중교회주의자 Cyrus I. Scofield가 제작, 1843-1921)이 크게 영향을 끼쳤다.

116) 전천년설(premillennialism)은 그리스도께서 재림때 이스라엘의 다윗왕국을 재건하여 세계를 천년동안 통치하실 것이고, 이 천년 왕국 말기에 사탄의 사주를 받아 반역이 일어나고 이어서 최후 심판에 의해 그것

따르는 자들이 지지하고 있는 견해이다.

③ 상징적 해석방법-이것은 때로 영적 해석법이라고도 불리워지는 것으로 "계시록은 전혀 특정한 역사적 사건을 예언하는 것이 아니고 오히려 반대로 교회 시대 전체를 통하여 계속되는 선과 악 사이의 싸움에 관한 영원한 진리들을 말하는 것"으로 보고 있다.[117] 계시록의 내용이 역사적 사건보다는 악에 대한 선의 승리와 같은 영적 세계의 원리를 나타내는 것으로 보기 때문에 계시록에 나타난 상징들을 미래를 예언하는 수단으로 사용하는 것을 경시하는 경향이 있다. 알렉산드리아 학파에서 사용한 해석방법이다.

④ 역사적 해석방법-이 해석은 "계시록이 오순절로부터 그리스도의 재림까지 교회의 전역사 과정을 상징적 형태로 개괄한 것"으로 보고 있다.[118] 따라서 계시록은 사도 시대부터 종말에 이르기까지의 전 역사에서 일어나는 연속적 사건들을 다루고 있다고 보는 관점으로 대부분의 개혁주의자들과 고전적인 주석가들과 현대 복음주의 설교자들이 대부분 이 견해를 지지하고 있으며, 일반적으로 역사주의자들은 후천년설이나

이 종식되어 마침내 영원세계가 시작된다는 것으로 천년왕국이전에 그리스도가 재림하신다는 견해이다.

117) Alan F. Johnson, *The Expositor's Bible Commentary (요한 계시록)*, 기독지혜사, 1983, p. 330.

118) Merrill C. Tenney, op. cit., p. 444.

무천년설을 지지하고 있다.[119)]

119) 후천년설(postmillennialism)은 전세계가 기독교로 개종함으로써 시작된 천년왕국 이후에 그리스도께서 오실 것이라는 유토피아적인 견해이며, 무천년설(amillennialism)은 회복된 이스라엘과 이방 민족들에 대한 천년이라는 문자적인 기간동안의 그리스도의 통치를 부인하며, 천년이라는 그리스도의 통치기간을 성부 하나님의 보좌 우편에 앉아 계시면서 지금도 영적으로 통치하고 계시는 그리스도의 영적 통치로 해석하는 견해인데, 천년을 상징적인 기간으로 해석하여 실제적으로 천년왕국은 존재하지 않는 것으로 보고 있다. 따라서 예수님의 재림 때에 마지막 부활과 심판이 동시에 있게 될 것으로 믿는다.

참고도서(Reference List)

Barclay, William. *The Letter of John and Jude (요한 유다서)*. 박근용 역, 기독교문사, 1974.

________. *The Men, The Meaning, The Message of the New Testament Books (신약성서의 주요 메시지)*. 신성종 역, 컨콜디아사, 1987.

Barker, Glenn W. *The Expositor's Bible Commentary (요한 1서)*. 기독지혜사, 1983.

Barnett, Paul. *The Message of 2 Corinthians (고린도후서 강해)*, BST 시리즈, 정옥배 역, IVP, 2002.

Berkhof, L. *New Testament Introduction.* Grand Rapids: Eerdmans, 1915.

Blum, Edwin A. *The Expositor's Bible Commentary: Jude*. Vol. 12, Grand Rapids: Zondervan Pub., 1981.

________. *The Expositor's Bible Commentary (베드로전서)*. 기독지혜사, 1983.

Boice, James Montgomery. *The Expositor's Bible Commentary (갈라디아서)*. 기독지혜사, 1982

________. *Romans (로마서)*. Vol. 1, 김덕천 역, 도서출판 줄과추, 1997.

Brown, Raymond E. *Introduction to the Gospel of John (요한복음 개론)*, 최홍진 역, CLC, 2010.

Bruce, F. F. *사도행전 [상]*. 이용복, 장동민 역, 아가페 출판사, 1986.

Calvin, John. *신약성서주해 7권*. 성서교재간행사, 1979.

Carson, D. A. Douglas J. Moo, and Leon Lorris. *An Introduction to the New Testament (신약개론)*. 노진준 역, 은성, 1993.

Carson, D. A. *The Expositor's Bible Commentary (마태복음)*. 기독지혜사, 1985,

Coder, S. Maxwell. *Jude: The Acts of the Apostates (유다서)*. 김원광 역, 나침판, 1987.

Constable, Thomas L. *The Bible Knowledge Commentary: 데살로니가전후서*. 김운성 역, 두란노, 1988.

Exell, Joseph S., ed. *The Biblical Illustrator (강해설교연구대계)*. 제 11권, 기독지혜사, 1988.

Fee, Gorden D. *The First Epistle to the Corinthians*. Grand Rapids: Eerdmans, 1987.

Ferguson, Sinclair B., David F. Wright and J. I. Packer. ed. *New Dictionary of Theology*. Downers Grove, Ill.: InterVarsity Press, 1988.

Furguson, Everett. *Backgrounds of Early Christianity (초대교회 배경사)*. 박경범 역, 은성, 1993.

Green, Michael. *Tyndale New Testament Commentaries: 2 Peter and Jude*. Grand Rapids: Eerdmans, 1968.

Green, Michael. *The Message of Matthew (마태복음강해)*. 김장복 역, IVP, 2005.

Gundry, Robert H. *A Survey of the New Testament*. Grands Rapids: Zondervan Publishing House, 1970.

Guthrie, Donald. *New Testament Introduction (신약개론)*. 나용화, 박영호 역, 기독교문서선교회, 1988.

Hendriksen, William. *1 & 2 Thessalonians*. London: The Banner of Truth Trust, 1955.

________. *로마서 (상)*. 아가페 출판사, 1983.

________. *헨드릭슨 성경주석: 마태복음 (상)*. 김만풍 역, 아가페출판사, 1984.

Henry, Matthew. *Matthew Henry's Commentary: Psalms (시편).* Vol. 3, 박근용 역, 기독교문사, 1978.

Hiebert, D. Edmond. *The Expositor's Bible Commentary: 디도서.* 기독지혜사, 1983.

Hybels, Bill. *The Power of a Whisper (주의 음성),* 캐런 채 역, 국제제자훈련원, 2011.

Jackman, David. *The Message of the John's Letters (요한서신 강해).* 김일우 역, IVP, 2003.

Johnson, Alan F. *The Expositor's Bible Commentary (요한 계시록).* 기독지혜사, 1983.

Kistemaker, Simon J. *New Testament Commentary: Exposition of the Epistle to the Hebrews.* Grand Rapids: Baker Book House, 1984.

________. *New Testament Commentary: Exposition of the Epistles of Peter and of the Epistle of Jude.* Grand Rapids: Baker Book House, 1987.

________. *New Testament Commentary: Exposition of the Acts of the Apostles.* Grand Rapids: Baker Book House, 1990.

Lenski, R. C. H. *사도행전 [상].* 배영철 역, 백합출판사, 1974.

Longenecker, Richard N. *Galatians.* Word Biblical Commentary, Vol. 41, Dallas, Texas: Word Books Publisher, 1990.

Lord, Peter. *Hearing God (하나님의 음성듣기).* 생명의 말씀사, 1999,

Luther, Martin. *루터의 로마서 주석.* 박문제 역, 크리스챤 다이제스트, 2001.

MacArthur, John. *The MacArthur New Testament Commentary: 2 Peter & Jude.* Chicago: Moody Publishers, 2005.

Marshall, I. Howard. *New Testament Theology (신약성서 신학),* 박문재, 정용신 역, 크리스챤 다이제스트, 2006.

Martin, Hugh. *The Abiding Presence (그리스도의 임재)*, 황의무 역, 지평서원, 2010.

Moody, D. L. *Experiencing pleasure and profit in Bible study (성경공부의 기쁨과 유익)*. 이길상 역, 크리스챤 다이제스트, 2002.

Morris, Leon. *The Expositor's Bible Commentary: 히브리서*. 기독지혜사, 1983.

Ogden, Greg. *Transforming Discipleship (세상을 잃은, 세상을 얻는 제자도)*. 박규태 역, 국제제자훈련원, 2007.

Pink, A. W. *Exposition of the Gospel of John (요한복음강해)*, 제4집, 도서출판 엠마오, 1988.

Piper, John. *Let the Nations be Glad!:The Supremacy of God in missions*. Grand Rapids: Baker Books, 1993.

________. *Desiring God (여호와를 기뻐하라)*. 김기찬 역, 생명의 말씀사, 1998.

________. *When I Don't Desire God* (*하나님을 기뻐할 수 없을 때*). 전의우 역, IVP, 2005.

Rowstone, D. J. "The Most Neglected Book in the New Testament," *New Testament Studies*. 21, 4, 1975.

Rupprecht, Arthur A. *The Expositor's Bible Commentary: 빌레몬서*. 기독지혜사, 1982.

Schreiner, Thomas R. *New Testament Theology (신약신학)*, 홍성철 역, 부흥과 개혁사, 2011.

Spurgeon, C. H. *The Treasury of David (스펄전의 시편 강해)*. 제9권, 김태곤 역, 생명의 말씀사, 1998.

Stein, Robert H. *The Synoptic Problem (공관복음서 문제)*. 김철 역, 도서출판 솔로몬, 1995.

Stott, John. *Only One Way: The Message of Galatians (갈라디아*

서 강해). 문인현, 김경신 역, 아가페 출판사, 1977.

_______. *Guard the Gospel (디모데후서 강해)*. 김영배 역, 엠마오, 1985.

_______. *The Message of 1 Timothy & Titus (디모데전서, 디도서 강해)*. 김현희 역, IVP, 1998.

Tenney, Merrill C. *The Expositor's Bible Commentary (요한복음)*. 기독지혜사, 1982.

_______. *New Testament Survey (신약개론)*. 서울서적, 1985.

Vaughan, Curtis. *The Expositor's Bible Commentary: 골로새서*. 기독지혜사, 1982.

Watson, Thomas. *Gleanings from Thomas Watson (토마스 왓슨의 묵상)*. 이기양 역, 기독교문서선교회, 2002.

Wenham, John. *Redating Matthew, Mark & Luke: A Fresh Assault on the Synoptic Problem*. London: Hodder & Stoughton, 1991.

Wessel, W. W. *The Expositor's Bible Commentary (마가복음)*. 기독지혜사, 1985.

Wiersbe, Warren W. *핵심성경연구*. 나침판, 1985.

_______. *Be Dynamic*. Wheaton, Ill.: Victor Books, 1987.

Willard, Dallas. *하나님의 음성*. 윤종석 역, IVP, 2001.

_______. "Spiritual Formation in Christ for the Whole Life and the Whole Person", in *Vocatio 12* (Spring), 2001,

김병국. *설교자를 위한 공동서신강해*. 이레서원, 2004.

박형용. *히브리서*. 도서출판 햇불, 2003.

송삼용. *찰스 스펄전 목회광맥*, 넥서스Cross, 2010.

송영목. *신약신학, 생명의 양식*, 2008.

신성종. *신약총론*. 예수교 문서선교회, 1977.

신성종. *사도행전 강해*. 엠마오, 1985.

이상근. *요한복음*. 대한예수교 장로회 총회 교육부, 1961.

이종윤. *신약개론*. 개혁주의 신행협회, 1989.

전 광. *백악관을 기도실로 만든 대통령*. 생명의 말씀사, 2003.

______. *성경읽고 위대한 영웅이 되라*. 두란노, 2004.

______. *성경이 만든 사람*. 생명의 말씀사, 2005.

홍인규. *바울신학사색*, 킹덤북스, 2010.

황창기. 사랑이 최고의 은사인가? *진리와 학문의 세계*. 제 1권(창간호), 달구벌기독학술연구회, 1999.

[개정증보판]

말씀묵상과 연구를 위한

신약성경 핵심가이드

■
초　　판 1쇄 발행 / 2009년 2월 25일
개정증보판 1쇄 발행 / 2014년 3월 10일

■
지은이/임 영 효
펴낸이/김 수 관
펴낸곳/도서출판 영문
122-070 서울시 은평구 역촌동 10-82
☏ (02)357-8585
FAX • (02)382-4411
E-mail • kskym49@daum.net

■
출판등록번호/제 03-01016호
출판등록일/1997. 7. 24

정가 10,000원
ISBN 978-89-8487-254-7
Printed in Korea